LETTRE

DE M. DE V***

AVEC

PLUSIEURS PIÉCES

GALANTES ET NOUVELLES

DE

DIFFERENS AUTEURS.

A LA HAYE,
Chez PIERRE POPPY.

M. DCC. XLIV.

LETTRE PHILOSOPHIQUE
Par M. de V***.

XXVI. LETTRE.

Sur l'Ame.

Monsieur,

Il faut que je l'avouë, lorsque j'ai examiné l'infaillible Ariſtote, le Docteur évangélique, le divin Platon, j'ai pris toutes ces épithétes pour des ſobriquets. Je n'ai vû dans tous les Filoſophes qui ont parlé de l'Ame humaine, que des aveugles pleins de témérité & de babil, qui s'efforcent de perſuader

A   qu'ils

qu'ils ont une vûë d'aigle , & d'autres curieux & fols qui les croient fur leur parole , & qui s'imaginent auffi de voir quelque chofe.

Je ne feindrai point de mettre au rang de ces Maîtres d'erreur , Defcartes & Mallebranche. Le premier nous affure que l'ame de l'homme eft une fubftance dont l'effence eft de penfer , qui penfe toujours, & qui s'occupe dans le ventre de la mere de belles idées métafifiques , & de beaux axiomes généraux , qu'elle oublie enfuite.

Pour le P. Mallebranche , il eft bien perfuadé que nous voïons tout en Dieu ; il a trouvé des partifans , parce que les fables les plus hardies font celles qui font les mieux reçûës de la foible imagination des hommes.

Plufieurs filofofes ont donc fait le Roman de l'ame ; enfin c'eft un ufage qui en a écrit modeftement l'hiftoire. Je vais faire l'abrégé de cette hiftoire, felon que je l'ai conçûe. Je fais fort bien que tout le monde ne conviendra

pas

pas des idées de M. Lock : Il se pourroit bien faire que M. Lock eût raison contre Descartes & Mallebranche, & qu'il eût tort contre la Sorbonne ; je parle selon les lumiéres de la filosofie, non selon les révélations de la foi.

Il ne m'appartient que de penser humainement : les Théologiens décident divinement, c'est toute autre chose. La raison & la foi sont de nature contraire: en un mot, voici un pétit precis de M. Lock, que je censurerois, si j'étois Théologien, & que j'adopte pour un moment, comme hipotése, comme conjecture de simple filosofie, humainement parlant, il s'agit de sçavoir ce que c'est que l'ame.

1o. Le mot d'ame est de ces mots que chacun prononce sans l'entendre : nous n'entendons que les choses dont nous avons une idée ; nous n'avons point d'idée d'ame, d'esprit : donc nous ne l'entendons point.

2°. Il nous a donc plû d'apeler cette faculté de sentir & de penser, comme

A 2   nous

nous apelons , vie , la faculté de vivre ; & volonté , la faculté de vouloir.

Des raisonneurs sont venus ensuite , & ont dit : L'homme est composé de matiere & d'esprit : la matiere est étenduë & divisible ; l'esprit n'est ni étendu ni divisible : donc il est , disent-ils , d'une autre nature. C'est un assemblage d'êtres qui ne sont point faits l'un pour l'autre , & que Dieu unit malgré leur nature. Nous voïons peu le corps , nous ne voïons point l'ame ; elle n'a point de parties , donc elle est éternelle : elle a des idées pures & spirituelles , donc elle ne les reçoit point de la matiere : elle ne les reçoit point non plus d'elle-même , donc Dieu les lui donne ; donc elle apporte en naissant les idées de Dieu , de l'infini & de toutes les idées générales.

Toujours humainement parlant , je répons à ces Messieurs qu'ils sont bien sçavans. Ils nous disent d'abord qu'il y a une ame , & puis ce que ce doit être. Ils prononcent le nom de matiere , & décident ensuite nettement ce qu'elle est ;

est ; & moi je leur dis , vous ne connois-
fez ni l'esprit ni la matiere : par l'esprit
vous ne pouvez imaginer que la faculté
de penfer ; par la matiere , vous ne
pouvez entendre qu'un certain affem-
blage de qualités , de couleurs , d'éten-
duës , de folidités , & il vous a plû d'ap-
peler cela matiere ; & vous avez affigné
les limites de la matiere & de l'ame ,
avant d'être fûrs feulement de l'exif-
tence de l'une & de l'autre.

Quant à la matiere vous enfeignez
gravement , qu'il n'y a en elle que l'é-
tenduë & la folidité ; & moi , je vous
dis modeftement , qu'elle eft capable
de mille propriétés , que ni vous , ni
moi , ne connoiffons pas. Vous dites
que l'ame eft indivifible , éternelle , &
vous fuppofez ce qui eft en queftion.
Vous êtes à-peu-près comme un Régent
de Colége , qui n'ayant vû d'horloge de
fa vie , auroit tout d'un coup entre fes
mains une montre d'Angleterre à répé-
tition. Cet homme, bon Péripatéticien,
eft frappé de la jufteffe avec laquelle les
A 3   éguilles

éguilles divifent & marquent les tems ,
& encore plus étonné qu'un bouton
poufé par le doigt fonne précifément
l'heure que l'éguille marque. Mon filo-
fofe ne manque pas de prouver , qu'il y
a dans cette machine une ame qui la
gouverne , & qui en méne les refforts.
Il démontre fçavamment fon opinion
par la comparaifon des Anges, qui font
aler les fphéres céleftes ; & il fait foute-
nir dans fa claffe de belles Thêfes fur
l'ame des montres. Un de fes écoliers
ouvre la montre ; on n'y voit que des
refforts , & cependant on foutient toujours le fyftéme de l'ame des montres ,
qui paffe pour démontré. Je fuis cet écolier ouvrant la montre , que l'on apele ,
l'homme , & qui au lieu de définir har-
diment ce que nous n'entendons point ,
tâche d'éxaminer par dégrés ce que
nous voulons connoître.

Prenons un enfant à l'inftant de fa
naiffance , & fuivons pas à pas le pro-
grès de fon entendement. Vous me
faites l'honneur de m'aprendre que
Dieu

Dieu a pris la peine de ce créer une ame pour aler loger dans ce corps, lorsqu'il a environ six semaines ; que cette ame à son arrivée est pourvûë des idées métafisiques ; connoissant donc l'esprit, les idées abstraites, l'infini fort clairement; étant en un mot une très-savante personne. Mais malheureusement elle sort de l'uterus avec une ignorance crasse ; elle a passé 18. mois à ne connoître que le teton de sa Nourice ; & lorsqu'à l'âge de vingt ans on veut faire ressouvenir cette ame de toutes les idées scientifiques, qu'elle avoit quand elle s'est unie à son corps, elle est souvent si bouchée, qu'elle n'en peut concevoir aucune. Il y a des peuples entiers qui n'ont jamais eu une seule de ces idées. En vérité, à quoi pensoit l'ame de Descartes & de Mallebranche, quand elle imagina de telles rêveries? suivons donc l'idée du petit enfant, sans nous arrêter aux imaginations des filosofes.

Le jour que sa mere est accouchée de lui & de son ame, il est né un chien

A 4

dans

dans la maifon , un chat & un ferin. Au bout de 18. mois je fais du chien un excellent chaffeur , le chat au bout de fix femaines fait déja tous fes tours , & l'enfant au bout de quatre ans ne fçait rien. Moi , homme groffier , témoin de cette prodigieufe différence , & qui n'ai jamais vû d'enfant , je crois d'abord que le chat , le chien & le ferin font des créatures très intelligentes , & que le petit enfant eft un automate; cependant petit à petit je m'aperçois que cet enfant a des idées , de la mémoire , qu'il a les mêmes paffions que ces animaux ; & alors j'avouë qu'il eft comme eux une créature raifonnable. Il me communique différentes idées par quelques paroles qu'il a aprifes , de même que mon chien par des cris diverfifiés me fait exactement connoître fes divers befoins. J'aperçois qu'à l'âge de fix ou fept ans, l'enfant combine dans fon petit cerveau prefqu'autant d'idées que mon chien de chaffe dans le fien ; enfin il atteint avec l'âge un nombre infini de connoiffan-
ces.

ces. Alors que dois-je penser de lui? irai-je croire qu'il est d'une nature tout-à-fait différente? Non, sans doute: car vous voyez d'un côté un imbécile, de l'autre un Newton; vous prétendez qu'ils sont pourtant d'une même nature, & qu'il n'y a de la différence que du plus au moins. Pour mieux m'assurer de la vrai semblance de mon opinion probable, j'examine mon chien & mon enfant pendant leur veille & leur sommeil. Je les fais saigner l'un & l'autre outre mesure: alors leurs idées semblent s'écouler avec le sang. Dans cet état je les apelle; ils ne me répondent plus; & si je leur tire encore quelques poëlettes, mes deux machines qui avoient auparavant des idées en très grand nombre, & des passions de toute espéce, n'ont plus aucun sentiment. J'examine ensuite mes deux animaux pendant qu'ils dorment; je m'aperçois que le chien, après avoir trop mangé, a des rêves; il chasse, il crie après la proye. Mon jeune enfant étant dans le même

A 5

état,

état, parle à sa maîtresse, & fait l'amour en songe : si l'un & l'autre ont mangé modérément, ni l'un ni l'autre ne rêve ; enfin je vois que leur faculté de sentir, d'apercevoir, d'exprimer leurs idées, s'est dévelopée en eux petit à petit, & s'affoiblit aussi par dégrés. J'apperçois en eux plus de raports cent fois que je n'en trouve entre tel homme d'esprit & tel homme absolument imbécile. Quelle est donc l'opinion que j'aurai de leur nature ? Celle que tous les peuples ont imaginé d'abord avant que la politique Egyptienne imaginât la spiritualité, l'immortalité de l'ame. Je soupçonnerai même avec bien de l'aparence, qu'Archimede & une taupe sont de la même espéce, quoique d'un genre différent, de même qu'un chêne & un grain de moutarde sont formés par les mêmes principes, quoique l'un soit un grand arbre, & l'autre une petite plante. Je penserai que Dieu a donné des portions d'intelligence à des portions de matiere organisée pour

penser :

penſer : je croirai que la matiere a des
ſenſations à proportion de la fineſſe de
ſes ſens ; que ce ſont eux qui les pro-
portionnent à la meſure de nos idées ;
je croirai que l'huître à l'écaille a moins
de ſenſations & de ſens, parce qu'ayant
l'ame attachée à ſon écaille, cinq ſens
lui ſeroient inutiles. Il y a beaucoup d'a-
nimaux qui n'ont que deux ſens ; nous
en avons cinq, ce qui eſt bien peu de
choſe ; il eſt à croire qu'il eſt dans
d'autres mondes d'autres animaux qui
jouiſſent de vingt ou trente ſens, & que
d'autres eſpéces encore plus parfaites,
ont des ſens à l'infini.

Il me paroît que voilà la maniere la
plus naturelle d'en raiſonner, c'eſt-à-
dire, de deviner & de ſoupçonner cer-
tainement. Il s'eſt paſſé bien du tems
avant que les hommes ayent été aſſez
ingénieux pour imaginer un être inconnu, qui eſt nous, qui fait tout en nous
qui n'eſt pas tout-à-fait nous, & qui vit
après nous. Auſſi n'eſt-on venu que par
dégrés à concevoir une idée ſi hardie.
D'abord ce mot *ame* a ſignifié la Vie,

& a été commun pour nous & pour les autres animaux. Ensuite notre orgueil nous a fait une ame à part, & nous a fait imaginer une forme substantielle pour les autres créatures. Cet orgueil humain demande ce que c'est donc que ce pouvoir d'apercevoir & sentir, qu'il apele *ame* dans l'homme, & *instinct* dans la brute. Je satisferai à cette question, quand les humanités m'auront apris ce que c'est que le *son*, la *lumiere*, *l'espace*, le *Corps*, le *tems* : je dirai dans l'esprit du sage M. Lock, la Filosofie consiste à s'arrêter, quand le flambeau de la Phisique nous manque. J'observe les effets de la Nature, mais je vous avouë que je n'en conçois pas plus que vous les premiers principes : tout ce que je sais, c'est que je ne dois pas attribuer à plusieurs causes, sur-tout à des causes inconnuës, ce que je puis attribuer à une cause connuë ; or je puis attribuer à mon corps la faculté de penser & de sentir ; donc je ne dois pas chercher cette faculté de penser & de sentir

dans

dans une autre apelée *ame* ou *esprit*, dont je ne puis avoir la moindre idée. Vous vous recriez à cette proposition; vous trouvez donc de l'irréligion à oser dire que le corps peut penser ? Mais que diriez-vous, répondroit M. Lock, si c'est vous-même qui êtes ici coupable d'irréligion, vous qui osez borner la puissance de Dieu ? Quel est l'homme sur la terre qui peut assurer, sans une impiété absurde, qu'il est impossible à Dieu de donner à la matiere le sentiment & le penser ? Foibles & hardis que vous êtes, vous avancez que la matiere ne pense point, parce que vous ne concevez pas qu'une matiere, telle qu'elle soit, pense.

Grands Filosofes, qui décidez du pouvoir de Dieu, & qui dites que Dieu peut d'une pierre faire un Ange, ne voyez-vous pas que, selon vous-même, Dieu ne feroit en ce cas que donner à une pierre la puissance de penser : car si la matiere de la pierre ne restoit pas, ce ne seroit plus une pierre, ce seroit une

pierre

pierre anéantie, & un Ange crée. De
quelque côté que vous vous tourniez,
vous êtes forcés d'avouer deux choses,
votre ignorance & la puiffance immen-
fe du Créateur ; votre ignorance qui fe
révolte, la matiere penfante, & la
puiffance du Créateur à qui certes cela
n'eft pas impoffible.

Vous qui fçavez que la matiere ne
périt pas, vous contefterez à Dieu le
pouvoir de conferver dans cette matiere
la plus belle qualité dont il l'avoit or-
née. L'étenduë fubfifte bien fans corps
par lui, puifqu'il y a des Filofofes qui
croient le vuide ; les accidens fubfiftent
bien fans la fubftance parmi les Chrétiens qui croient la transfubftantiation.
Dieu, dites-vous, ne peut pas faire ce qui
implique contradiction. Il faudroit en
fçavoir plus que vous n'en fçavez : vous
avez beau faire, vous ne fçaurez jamais
autre chofe, finon que vous êtes corps,
& que vous penfez. Bien des gens qui
ont apris dans l'école à ne douter de
rien, qui prennent leurs fyllogifmes

pour

pour des Oracles, & leurs superstitions pour la Religion, regardent M. Lock comme un Impie dangereux : ces superstitieux sont dans la société ce que les poltrons sont dans une armée : ils ont & donnent des terreurs paniques ; il faut avoir la pitié de dissiper leur crainte, il faut qu'ils sçachent que ce ne seront pas les sentimens des Filosofes qui feront jamais tort à la Religion. Il est assuré que la lumiere vient du soleil, & que les planettes tournent autour de cet astre : on ne lit pas avec moins d'édification dans la Bible, que la lumiere a été faite avant le soleil, & que le soleil s'est arrêté sur le village de Gabaon : il est démontré que l'Arc-en-ciel est formé nécessairement par la pluye ; on n'en respecte pas moins le Texte sacré, qui dit que Dieu posa son arc dans les nuës, après le déluge, en signe qu'il n'y auroit plus d'inondation.

Le Mystere de la Trinité & celui de l'Eucharistie ont beau être contradictoires aux démonstrations connuës, ils n'en

n'en ſont pas moins révérés chez les Filoſofes Catholiques, qui ſçavent que les
choſes de la raiſon & de la foi ſont de
différente nature. La nation des Antipodes a été condamnée par les Papes &
les Conciles, & les Papes ont découvert
les Antipodes, & y ont porté cette même Religion chrétienne, dont on cro-
yoit la deſtruction ſûre, en cas qu'on
pût trouver un homme, qui comme on
parloit alors, auroit la tête en bas & les
pieds en haut par raport à nous, & qui,
comme dit le très-peu filoſofe ſaint Auguſtin, ſeroit tombé du Ciel.

Jamais les Filoſofes ne feront tort à
la religion dominante d'un pays : pourquoi ? c'eſt qu'ils ſont ſans entouſiaſme,
& qu'ils n'écrivent point pour le peuple.
Diviſez le genre humain en vingt parties, il y en a dix-neuf compoſées de
ceux qui travaillent de leurs mains, &
qui ne ſauront jamais s'il y a un Lock au
monde. Dans la vingtiéme partie qui
reſte, combien trouve-t'on peu d'hommes qui liſent ? il y en a vingt qui liſent
les Romans contre un qui étudie la fi-

lofofie. Le nombre de ceux qui penfent, eft extrêmement petit, & ceux - là ne s'avifent pas de troubler le monde. Ce n'eft ni Montaigne, ni Lock, ni Bayle, ni Spinofa, ni Hobes, ni Strambourg, ni Colins, ni Zéland, &c. qui ont porté le flambeau de la difcorde dans leur patrie; ce font la plûpart des Théologiens, qui ayant eu d'abord l'ambition d'être chefs de fecte, ont eu bientôt celle d'être chefs de Patri. Que dis-je, tous les livres des Filofofes modernes mis en femble, ne feront jamais dans le monde autant de bruit feulement qu'en fit autrefois la difpute des Cordeliers fur la forme de leurs manches & de leurs capuchons.

Au refte, je vous répéte encore qu'en écrivant avec liberté, je ne me rends garant d'aucune opinion : je ne fuis refponfable de rien. Il y a peut-être parmi ces fonges des raifonnemens, & même quelques rêveries aufquelles je donnerois la préférence; mais il n'y en a aucune que je ne facrifiaffe tout d'un coup à la Religion & à la Patrie.   LES

LES ADIEUX
DE M. DE V***
A MADAME DU CHASTELET.

ADIEU, belle Emilie, *(a)*
En Pruſſe je m'en vas
Etaler ma folie,
Et promener mes rats;
Dans cette Cour polie,
On connoît mieux le prix
De nos beaux Eſprits.
Paris qui m'a vû naître,
Me laiſſe ſans éclat, *(b)*
Et ma manie eſt d'être
Un Miniſtre d'État,
Des Finances le maître,
Au moins Ambaſſadeur

(a) Madame la Marquiſe du Châtelet.

(b) Voyez les Lettres Philoſophiques & le Temple du goût, où Voltaire ne ceſſe de parler des honneurs rendus en Angleterre aux gens de Lettres. Voyez auſſi la Préface de Zaïre.

Comme

Comme feu Prieur. (c)

Adieu, mauvais Poëte, (d)
Jamais las du sifflet,
Qu'à saint Lazare on fouette,
Chassé du Châtellet ;
Adieu l'homme à Courbette,
Tant fripon, tant battu,
Et de plus Cocu.

Adieu toi, vilain Prêtre, (e)
Tiré, par mon crédit,
Du Château de Bicêtre,
Pour le péché maudit
Qui fit brûler ton Maître ;
Soin honteux que j'ai pris
D'un Fripier d'Ecrits.

(c) M. le Prieur Anglois, homme d'esprit & de mérite, a été Ambassadeur pour l'Angleterre.

(d) Roy qui a été enfermé à S. Lazare pour son Coche, piece satyrique contre l'Académie Françoise ; il eut ordre de se défaire de sa Charge de Conseiller au Châtellet.

(e) L'Abbé desfontaines : il n'a jamais composé d'Ouvrages, il ne fait que rapetacer ceux des autres, & les défigurer. Voyez son Apologie faite par lui même.

Sur la sellette dure
Où siégea Deschauffour,
Quand en humble posture,
Tu parus l'autre jour, (f)
Craignois-tu la brûlure?
Oui , jamais on ne vit
    Coquin plus petit.

  Thieriot pauvre haire,
Adieu , Juré Crieur,
Tu fus en Angleterre.
Mon digne Ambassadeur : (g)
Prône plutôt la Serre ,
Que les vers de tes deux fats
    Et de ton Midas.
  Pour quelque rime sade,

(f) Il s'agit du jugement qu'il a subi pour le discours mordant qu'il a fait au nom de l'Abbé Seguy.

(g) Thieriot a été quelque tems chargé des affaires de Voltaire à Londres ; c'est son ami intime , & est dans la confidence de tous ses Ouvrages , c'est ce qui le fait apeller *Auteur consultant.*

Bernard ,

Bernard, (*h*) que tu forgeas ,
Tu crois que l'Iliade
Te doit céder le pas ;
Céladon de Tribade ,
Dis, Monsieur l'Ecrivain ,
    Qui te rend si vain ?
   Si je quitte la Prusse
Chassé par le bâton ,
Je fuirai chez le Russe
Prêcher Lock & Newton ,
Ou porter mon prépuce
Au Révérend Mufty
    Comme Macarty. (*i*)
Adieu, belle Emilie ,
Objet de mes plaisirs ,
Par la Filosofie

(*h*) Bernard, Sécretaire du Maréchal de Coigny ,
a fait une Epitre à la Sallé , qui est une Tribade , dont
il est le Céladon, c'est-à-dire, l'Amoureux *Virtuoso*.

(*i*) L'Abbé Macarty, fils d'un Irlandois, passa ,
il y a quatre ans en Turquie avec le Chevalier de
Mornaye & de Ramsay : ils avoient emprunté chacun
6000. liv. à Samuel Bernard , sous prétexte d'ache-
ter une Lieutenance aux Gardes.

Amuse

Amuſe tes deſirs ,
Ou bien ſuis-moi , ma mie ,
Un Milord de mon nom
    Vaut bien un Kinſton. (*k*)
    Maupertuis ce Caréme (*l*)
Doit revenir , dit-on ,
Il me dicta le thême
Que j'ai fait ſur Newton ,
Tu ſçauras le ſyſtéme
Des meules de moulin
    De ce Calotin.

    Ne crains pas qu'on le drape ;
Pour voir le Cavalier ,
Sa mine eſt une attrape ,
Le brave à Montpellier
De ce qui fait le Pape ,
Autrefois a voulu

(*k*) Voltaire avoit pris le nom de Milord étant
logé à Rouen chez Jorre Libraire , qui a imprimé les
Lettres Filoſofiques.

(*l*) Maupertuis de l'Académie des Sciences eſt un
homme de mérite , mais admirateur outré des Anglois. Il a imprimé que les aſtres étoient ſemblables
à des meules de moulin.

Etre rasibu. *(m)*

Adieu, chere Émilie ;
Parce que je m'en vas ;
N'abrege point ta vie
Avec la mort aux rats : *(n)*
Console-toi, ma mie,
Aux petites Maisons
Nous nous reverrons.

(m) Maupertuis ayant une indisposition galante,
alla à Montpellier, où il voulut engager les Chirur-
giens à le mutiler.

(n) Allusion à ce que Madame du Châtelet a pris
autrefois de l'Opium dans un désespoir amoureux.

AUTRE PIÉCE.

ON dit que l'Abbé Terrasson,
De Law & de la Mothe apôtre,
Va du Bordel à l'Hélicon,
N'étant fait pour l'un ni pour l'autre.
Pour avoir un léger prurit,
Il se fait chatoüiller la fesse,
Manon foüette, il la caresse ;

Mais il bande comme il écrit.
Un jour dans la cérémonie,
On l'étrilloit, il fretilloit,
Notre Putain se travailloit
Dessus sa fesse racornie :
Entre, Monsieur l'Abbé Dubos,
Qui voyant fesser son Confrere,
Dit tout haut, approuvant l'affaire,
Frapez fort, il a fait *Sethos.*

LE DÉBAUCHÉ CONVERTI,

Par M. ROBBÉ DE BEAUVESET.

PUISSANT Médiateur entre nous
    & la femme,
Qui du plaisir secret nous ourdissez la trame,
Des feux de Prométhée ardent dispensateur,
Et de la gent humaine éternel Créateur ;
Portassiez-vous encore un plus superbe titre,
Du bonheur de mes jours vous n'êtes plus
    l'arbitre :
Ce plaisir violent dont je fus enchanté,
D'un tourment de six mois est trop cher
    acheté.

Qu'un

Qu'un autre que moi coure après ce vain
  fantôme ,
J'en connois le néant , grace à Monsieur
  Saint Côme ;
Et ses sacrés réchaux sont l'utile creuset
Où l'or faux du plaisir m'a paru tel qu'il est.
J'ai ruminé ces maux que sur son lit endure
Un pauvre putacier tout froté de mercure ;
Des conduits saliviers , quand les pores
  ouverts
Du virus repoussé filtrent les globes verts ;
Quand sa langue nageant dans les flots de
  salive ,
Semble un canal impur qui coule une lescive.
Ah ! que sur son grabat se voyant enchaîné ,
Un Ribaud voudroit bien n'avoir pas dé-
  gaîné ;
Qu'il déteste l'instant où sa pompe aspirante
Tira le suc mortel de sa cruelle amante.
L'œil cave , le front ceint du fatal chapelet,
Le teint pâle & plombé , le visage défait ,
Les membres décharnés , une jouë allongée,
Sa planette atteignant son plus bas périgée ;

B 2   Alors

Alors avec David il prononce ces mots :
La vérole, mon Dieu, m'a criblé jufqu'aux
    os.
Car par *malum*, David entend l'humeur
    impure,
Qu'il prit d'Abigaïl, comme je conjecture,
D'autant que cette femme, épouse de Nabal,
De fon mari pouvoit avoir gagné ce mal.
Ce Nabal en effet eft peint au faint Volume,
Tel qu'un compagnon propre au poil com-
    me à la plume ;
Et qui, quand il trouvoit fille de bonne hu-
    meur,
De fes bubons enflés méprifant la tumeur,
Lui faifoit fur le dos faire la caracole,
Eut-il été certain de gagner la vérole.
Auffi je fuis furpris que David ce grand clerc,
Au fait d'Abigaïl ait pû voir fi peu clair :
Certes befoin n'étoit d'être fi grand Prophéte,
Ni d'avoir fur fon nez la divine lunette,
Pour voir que de Nabal tout le fang cor-
    rompu,
Ayant poivré le flanc qui s'en étoit repu,
C'étoit néceffité que fon hardi Priape

Eut

Eut la dent agacée en mordant à la grape.

Mais, quoi ! vit-on jamais raisonner un
    paillard ?

Il prit les yeux fermés ce petit mal gaillard,

Dont quelque tems après sa flamberge en
    furie

Enticha le vagin de la femme d'Urie.

De mes ébats aussi j'ai tiré l'usufruit ;

Mais grace au vif argent mon virus est dé-
    truit ;

Mon sang purifié coule libre en mes veines,

Et deux globes malins ne gonflent plus mes
    aînes ;

Du trône du plaisir les parois resserrés,

Ne laissent plus couler mille sucs égarés ;

Et ce moine velu que le prépuce enfroque,

De trois rubis rongeurs voit dérougir sa to-
    que.

Triste & funeste coup ! pouvois-je le prévoir,

Qu'une fille si jeune eût pû me décevoir ?

Deux lustres & demi, qu'un an à peine
    augmente,

Voyoient bondir les monts de sa gorge naiſ-
    sante ;   B 2   Un

Un cuir blanc & poli, mais élastique & dur,
Tapissoit le contour de son jeune sémur;
A peine un noir duvet de sa mousse légére,
Couvroit l'antre sacré que tout mortel révére;
Les couleurs de l'aurore éclatoient sur son
    tein,
Elle auroit fait hennir le vieux Mousti Latin;
Un front dont la douceur à la fierté s'allie,
La firent à mes yeux plus vierge qu'Eulalie :
Aussi combien d'assauts fallut-il soutenir,
Avant que d'en pouvoir à mon honneur venir?
A mon honneur ! je faux, disons mieux, à
    ma honte :
Après deux mois d'égards, de soupirs, je la
    monte.
Dieux! quelle volupté, quand sur elle étendu,
Je pressurois le jus de ce fruit défendu !
Sa gaîne assez profonde, en revanche peu
    large,
Entre elle & mon acier ne laissoit point de
    marge ;
Le Piston à la main, trois fois mon Jean
    chouard

Dans

Dans ses canaux ouverts seringua son nectar ;
Et trois fois la pucelle avec reconnoissance ,
Voitura dans mon sang sa vérolique essence.
Mais, quoi ! ma passion s'enflamme à ce récit,
De mes tendons moteurs le tissu s'étrécit ;
Mes esprits dans mes nerfs précipitent leur
    course ,
Et de la volupté courent ouvrir la source.
Quoi donc ! irois-je en proye à de vils in-
    testins
De mes os ébranlés empirer les destins ?
Irois-je sur ces mers fameuses en naufrages ,
Nautonnier imprudent affronter les orages ?
Moi qui comme Jonas qu'un serpent en-
    gloutit ,
Ai servi de pâture à l'avide Petit.
Non, de la chasteté j'atteins enfin la cîme ,
Là je rirai de voir cette pâle victime ,
Que la fourbe Vénus place sur ses autels ,
Traîner les os rongés de ses poisons mortels.
Que le Ciel, si jamais je vogue sur ce goufre,
Fasse pleuvoir sur moi le bitume & le soufre ;
Que l'infamant rasoir qui tondit Abaillard ,

B 4

Me

Me fasse de l'Eunuque arborer l'étendard,
Si jamais enyvré, fut-ce d'une pucelle,
Mon frocard étourdi saute dans sa nacelle.
Tout visage de femme à bon droit m'est
    suspect ;
Quiconque a salivé, doit fuir son aspect.
Oui ! m'offrit-on les choix des onze mille
    Vierges ,
Jamais leurs feux sacrés n'allumeroient mes
    cierges :
Le jaloux Ottoman m'ouvrit-il son sérail ,
Quand j'y verrois à nud l'albâtre & le corail
Briller sur ces beaux corps qu'embellit la
    nature ,
Mon Priape seroit un Priape en peinture.
Je dis plus ; quand le Ciel exprès de mon côté
Tireroit la plus rare & plus saine beauté ,
Dieu sçait si la chaleur de cette nouvelle Eve
Dans mon muscle alongé feroit monter ma
    féve.
Beau sexe, c'en est fait, vos ébats séducteurs
Ne me porteront plus vos esprits destructeurs:
Je fuirai desormais votre espéce gentille ,

Ainsi

Ainsi qu'au bord du Nil on fuit le Croco-
    dille ;
Il est tems de penser à faire mon salut ;
L'ame se porte mal quand le corps est en rut.
Lorsque l'affreuse mort au sec & froid sque-
    lette ,
M'aura devant le Juge assis sur la selette ,
Cent mille coups de cul ne me sauveront
    pas
Du foudroyant arrêt de l'éternel trépas :
C'est vous qui le premier avez fait tomber
    l'homme ,
Par l'attrait séducteur de la fatale pomme ;
Mais vos culs dans l'abîme en ont plus des-
    cendus
Que ne feroient jamais tous les fruits défendus.
C'est avec vos filets que Satan nous attrape,
C'est vous qui nous poussez sur l'infernale
    trape ;
Vous séduiriez morbleu, je crois, tous les
    élus.
Adieu , beau sexe , adieu , vous ne me te-
    nez plus.

B 5   Marsias.

MARSIAS.

Allégorie contre Rameau.

Par Roy. Août 1737.

LULLY jouiſſoit de toute ſa ré-
putation, lorſqu'un certain Cari-
ſelly vint d'Italie, pour inſulter au bon
goût, & pour démentir les aplaudiſſe-
mens de toute la France. Sa muſique
étoit auſſi barbare que celle de Lully
étoit naturelle. Cet extravagant débuta
un ſyſtême baroque, & tel que ſes
chants: auſſi fut-il traité ſelon ſon mérite. Il fut condamné de tous les honnêtes gens ; mais ce n'étoit point aſſez :
le Public trouvoit bon que les Auteurs
juſtifiaſſent eux - mêmes ſes déciſions.
Carizelly fut donc joüé ſous ſon propre
nom, & immolé à la riſée ſur le théâtre
de l'Opera dans un Divertiſſement qui
ſubſiſte encore. Quinault plus modéré,
& habile à manier la fable, ſe contente
de l'allégorie ſuivante, qu'on a depuis
recouvrée.

L E téméraire violon
Qui s'escrima contre Apollon ,
Et qui paya son équipée ,
De sa peau par lambeaux coupée ,
Fut un échapé des forêts ,
Un composé d'homme & de brute ,
Un de ces êtres imparfaits ,
Que même , en y mêlant leurs traits ,
L'une & l'autre espéce rebute ;
Une carcasse rembrunie ,
Fut l'étui de son dur génie.
Du Lyon les rugissemens ,
Et des serpens les sifflemens ,
Etoient l'école d'harmonie ,
Qu'enfant il se plût d'écouter ,
Et que vieux il sçut imiter.
L'étude augmente son délire ;
Son cerveau vient à s'échauffer
Jusqu'au point de croire étouffer
Les sons de la divine lire.
Phébus vengea l'honneur des chants ;
Il vengea la tendre musique ,

B 6

Présens

Préfens des Dieux , qui dans nos fens
Répand un beaume fympathique,
Heureux ! fi le fang du brutal
Eut éteint la fource du mal.
Mégére , du monftre nourice ,
Prévoyant de loin le fuplice ,
Avoit de tout tems arrêté
Qu'il laifferoit poftérité.
Mégere de fes fœurs fuivie ,
En hiver par un jour affreux ,
Par un brouillard fale & nitreux
Guida Marfias chez l'envie ,
Femelle qui ronge l'ennui ,
Qu'amaigrit l'embonpoint d'autrui ,
Au regard louche , au teint livide ,
Telle qu'on la voit dans Ovide.
On dit qu'à leur premier afpect ,
Effrayés tous deux reculerent ,
Puis leurs carcaffes s'accouplerent ,
L'un & l'autre hurlant bec à bec.
Un vafte monceau de couleuvres
Fut le lit dreffé pour leurs œuvres.
Tandis qu'ils filtroient leur poifon ,
Courage , s'écria Mégere ,

Il naîtra de vous un garçon ,
Il vivra pour venger son pere ,
Pour contrecarrer la raison ,
Et faire aux Muses double outrage ,
Car outre sa rauque chanson ,
D'écrire il lui prendra la rage.
J'entens , je vois l'antropophage ,
Col d'Autruche , sourcil froncé ,
Air jaune & de poil hérissé ,
Nez creux , vrai masque de satyre ,
Bouche pour mordre , & non pour rire ;
Tête pointuë & court menton ,
Jambes séches comme Eryćton.
Le frénétique s'associe
Tous les ignares imprudens ,
Par qui le clinquant s'aprécie ;
Jeunes rimailleurs , vieux pédans ,
Turbulente Démocratie ,
Du faux goût sećtateurs ardens ;
C'est du bruit seul qu'il se soucie ,
Toute musique radoucie
A ce fou fait grincer les dents ,
Plus que la lime ni la scie.

Si dans les concerts difcordans ,
Il réclame en vain l'Aufonie ,
Qui le condamne ou le renie ,
Il voit venir à fon fecours
Les compatriotes des Ours.
Vive le Marfias moderne ,
Et les Iroquois qu'il gouverne.
Tremblez , Quinault , tremblez , Lully ,
Il va vous plonger dans l'oubli ;
Et fi fon mérite aprocryphe
Tombe par un jufte revers ,
Nous l'occuperons aux enfers :
La lire jurant fous fa griffe ,
L'aigreur de fes barbares airs
Comblera les tourmens divers ,
Et de Tantale & de Syfiphe.

DISCOURS

DISCOURS

Prononcé à la Réception des Frée-Maçons.

Par M. DE RAMSAY, grand Orateur de l'Ordre.

LA noble ardeur que vous montrez, Meſſieurs, pour entrer dans le très-ancien & très-illuſtre ordre des *Francsmaçons*, eſt une preuve certaine que vous poſſedez déja toutes les qualités néceſſaires, pour en devenir les membres. Ces qualités ſont la Philantropie ſage, la morale pure, le ſecret inviolable & le goût des beaux Arts.

Lycurge, Solon, Numa, & tous les autres Légiſlateurs politiques n'ont pû rendre leurs établiſſemens durables ; quelques ſages qu'ayent été leurs loix, elles n'ont pû s'étendre dans tous les pays & dans tous les ſiécles. Comme elles n'avoient en vûë que les victoires

&

& les conquêtes, la violence militaire
& l'élevation d'un Peuple au deſſus
d'un autre, elles n'ont pû devenir uni-
verſelles ni convenir au goût, au génie,
aux interêts de toutes les Nations. La
Philantropie n'étoit pas leur baſe. L'a-
mour de la patrie mal entendu & pouſſé
à l'excès, détruiſoit ſouvent dans ces
Républiques guerrieres l'amour de l'humanité en général. Les hommes ne ſont
pas diſtingués eſſentiellement par la
différence des langues qu'ils parlent,
des habits qu'ils portent, des pays qu'ils
occupent, ni des dignités dont ils ſont
revêtus. Le monde entier n'eſt qu'une
grande république, dont chaque nation eſt une famille, & chaque particu-
lier un enfant. C'eſt pour faire revivre
& répandre ces anciennes maximes
priſes dans la nature de l'homme, que
notre Societé fut établie. Nous voulons
réunir tous les hommes d'un eſprit éclai-
ré & d'une humeur agréable, non-ſeu-
lement par l'amour des beaux arts,
mais encore plus par les grands principes

pes de vertu, où l'intérêt de la confraternité devient celui de genre humain entier, où toutes les Nations peuvent puiser des connoiſſances ſolides, & où tous les ſujets des différens Royaumes peuvent conſpirer ſans jalouſie, vivre ſans diſcorde, & ſe chérir mutuellement ſans rénoncer à leur Patrie. Nos Ancêtres, les Croiſés, raſſemblés de toutes les parties de la Chrétienté dans la Terre ſainte, voulurent réunir ainſi dans une ſeule confraternité les ſujets de toutes les Nations. Quelle obligation n'a t'on pas à ces hommes ſupérieurs, qui ſans interêt groſſier, ſans écouter l'envie naturelle de dominer, ont imaginé un établiſſement, dont le but unique eſt la réunion des eſprits & des cœurs, pour les rendre meilleurs, & former dans la ſuite des tems *une nation ſpirituelle*, où ſans déroger aux divers devoirs que la différence des états exige, on créera un peuple nouveau, qui en tenant de pluſieurs nations, les cimentera toutes en quel-

que

que sorte par les liens de la vertu & de la science.

La saine morale est la seconde disposition requise dans notre societé. Les Ordres Religieux furent établis pour rendre les hommes Chrétiens parfaits ; les ordres militaires, pour inspirer l'amour de la belle gloire ; l'Ordre des Frée maçons fut institué pour former des hommes & des hommes aimables, des bons citoyens & des bons sujets, inviolables dans leurs promesses, fideles adorateurs du Dieu de l'amitié, plus amateurs de la vertu que des récompenses.

Polliciti servare fidem, sanctumque vereri
Numen amicitiæ, mores, non munus amare.

Ce n'est pas cependant que nous nous bornions aux vertus purement civiles. Nous avons parmi nous trois espéces de confreres, des Horices ou des Aprentis, des Compagnons ou des Profès, des Maîtres ou des Parfaits. Nous expliquons aux premiersles vertus
morales

morales & philantropes ; aux seconds, les vertus héroïques ; aux derniers, les vertus surhumaines & divines. De sorte que notre institut renferme toute la Filosofie des sentimens & toute la théologie du cœur. C'est pourquoi un de nos venérables Confreres dit dans une Ode pleine d'un noble enthousiasme.

Frée-Maçons, illustre grand Maître,
Recevez mes premiers transports,
Dans mon cœur l'ordre les fait naître ;
Heureux! si de nobles efforts
Me font mériter votre estime,
M'élevent à ce vrai sublime,
A la premiere verité,
A l'essence pure & divine,
De l'ame céleste origine,
Source de vie & de clarté.

Comme une Filosofie sévere, sauvage, triste & misantrope dégoute les hommes de la vertu, nos Ancêtres, les Croisés, voulurent la rendre aimable par l'attrait des plaisirs innocens, d'une

musique

musique agréable d'une joye pure , & d'une gaïeté raisonnable. Nos sentimens ne sont pas ce que le monde profane & l'ignorant vulgaire s'imaginent. Tous les vices du cœur & de l'esprit en sont bannis , & l'irréligion & le libertinage, l'incrédulité & la débauche. C'est dans cet esprit qu'un de nos Poëtes dit :

Nous suivons aujourd'hui des sentiers peu battus,
Nous cherchons à bâtir , & tous nos édifices
Sont ou des cachots pour les vices ,
Ou des temples pour les vertus.

Nos repas ressemblent à ces vertueux soupers d'Horace , où l'on s'entretenoit de tout ce qui pouvoit éclairer l'esprit , perfectioner le cœur , & inspirer le goût du vrai , du bon & du beau.

O ! noctes , cænaque Deum . . . . .
Sermo oritur non de regnis , domibusve alienis :
. . . . sed quod magis ad nos
Pertinet , & nescire malum , & agitamus ,
Utrumne Divitiis homines , an sint virtute beati ;

Quidve

Quidve amicitias , ufus , rectamve trahat nos .
Et quæ fit naturaboni , fummumque quid ejus.

Ici l'amour de tous les defirs fe for-
tifie. Nous banniffons de nos Loges
toute difpute, qui pourroit altérer la
tranquilité de l'efprit, la douceur des
mœurs, les fentimens d'amitié, & cette
harmonie parfaite qui ne fe trouve que
dans le retranchement de tous les excès
indécens, & de toutes les paffions dif-
cordantes.

Les obligations donc, que l'ordre
vous impofe, font de protéger vos Confreres par votre autorité, de les éclairer
par vos lumiéres, de les édifier par vos
vertus, de les fecourir dans leurs befoins, de facrifier tout reffentiment
perfonnel, & de rechercher tout ce qui
peut contribuer à la paix, à la concorde
& à l'union de la Societé.

Nous avons des fecrets; ce font des
fignes figuratifs & des paroles facrées,
qui compofent un langage tantôt muet
& tantôt très-éloquent, pour fe com-
muniquer

muniquer à la plus grande diſtance , &
pour reconnoître nos Confreres de
quelque langue ou de quelque pays
qu'ils ſoient. C'étoient , ſelon les ap-
parences , des mots de guerre que les
Croiſés ſe donnoient les uns aux autres ,
pour ſe garantir des ſurpriſes des Sara-
ſins , qui ſe gliſſoient ſouvent déguiſés
parmi eux pour les trahir & les aſſaſſi-
ner. Ces ſignes & ces paroles rapellent
le ſouvenir ou de quelque partie de
notre ſcience ou de quelque vertu morale , ou de quelque myſtere de la foi. Il
eſt arrivé chez nous , ce qui n'eſt guéres
arrivé dans aucune autre ſocieté. Nos
loges ont été établies & ſe répandent
aujourd'hui dans toutes les nations po-
licées , & cependant dans une ſi nom-
breuſe multitude d'hommes , jamais aucun Confrere n'a trahi nos ſecrets. Les
eſprits les plus legers , les plus indiſcrets
& les moins inſtruits à ſe taire , apren-
nent cette grande ſcience auſſi-tôt qu'ils
entrent dans notre Societé. Tant l'idée
de l'union fraternelle a d'empire ſur les
eſprits.

esprits. Ce secret inviolable contribuë puissamment à lier les sujets de toutes les Nations, & à rendre la communi-cation des bienfaits facile & mutuelle entre eux. Nous en avons plusieurs exemples dans les annales de notre Ordre : nos Confreres qui voyageoient dans les différens pays de l'Europe, s'étant trouvés dans le besoin, se sont fait connoître à nos Loges, & aussi-tôt ils ont été comblés de tous les secours nécessaires. Dans le tems même des guerres les plus sanglantes, des illustres prisonniers ont trouvé des freres où ils ne croyoient trouver que des ennemis ; si quelqu'un manquoit aux promesses solemnelles qui nous lient, vous sçavez, Messieurs, que les plus grandes peines sont les remords de sa conscience, la honte de la perfidie, & l'exclusion de notre Societé, selon ces belles paroles d'Horace :

Est & fideli tuta silentis
Merces ; veta loqui cereno sacrum

Vulgarit

Vulgarit arcanæ , sub iisdem
Sit trabibus , fragilemque mecum
Solvat Phaselum.

Oui , Messieurs , les fameuses fêtes de Cerés à Eleusis dont parle Horace aussi bien que celles d'Isis en Egypte , de Minerve à Athenes , d'Uranie chez les Phéniciens , & de Diane en Scythie avoient quelque raport à nos solemnités. On y célébroit des misteres où se trouvoient plusieurs vestiges de l'ancienne religion de Noë & des Patriarches ; * ensuite on finissoit par les repas & les libations , mais , sans les excès , les débauches & l'intempérance où les Païens tomberent peu à peu. La source de toutes ces infamies fut l'admission des personnes de l'un & de l'autre sexe aux assemblées nocturnes contre la primitive institution. C'est pour prévenir de semblables abus que les femmes sont excluës de notre Ordre.

* Voyez les mœurs des Sauvages du Pere Laffiteau , Tom. 1. p. 221.

Ce

Ce n'eſt pas que nous ſoyons aſſez in-juſtes pour regarder le ſexe comme in-capable de ſecret , mais c'eſt parceque ſa préſence pourroit altérer inſenſible-ment la pureté de nos maximes & de nos mœurs.

Si le Sexe eſt banni , qu'il n'en ait point d'al-
larmes ,
Ce n'eſt point un outrage à ſa fidélité ;
Mais on craint que l'Amour entrant avec ſes
charmes
Ne produiſe l'oubli de la fraternité.
Noms de freres, d'amis, ſeroient de foibles armes
Pour garantir les cœurs de la rivalité.

La quatrième qualité requiſe pour entrer dans notre Ordre , eſt le goût des ſciences utiles & des arts libéraux de toutes les eſpéces ; ainſi l'Ordre exige de chacun de vous , de contribuer par ſa protection, par ſa libéralité, ou par ſon travail à un vaſte Ouvrage, auquel nulle Académie & nulle Univerſité ne peuvent ſuffire , parceque. toutes les Sociétés particuliéres étant compoſées

 d'un

d'un très petit nombre d'hommes, leur travail ne peut pas embrasser un objet aussi immense.

Tous les grands Maîtres en Allemagne, en Angleterre, en Italie & par toute l'Europe, exhortent tous les Sçavans & tous les Artistes de la Confraternité de s'unir pour fournir les matériaux d'un Dictionnaire universel de tous les Arts libéraux & de toutes les sciences utiles, la Théologie & la Politique seules exceptées. On a déja commencé l'Ouvrage à Londres ; mais par la réunion de nos Confreres on pourra le porter à sa perfection en peu d'années. On y expliquera non seulement le mot *Technique* & son étimologie, mais on donnera encore l'histoire de la Science & de l'Art, ses grands principes & la maniére d'y travailler. De cette façon on réunira les lumiéres de toutes les nations dans un seul ouvrage, qui sert comme un magasin général, & une Bibliothéque universelle de ce qu'il y a de beau, de grand, de lumineux, de soli-

de

de & d'utile dans toutes les fciences na-
turelles & dans tous le s Arts nobles. Cet
Ouvrage augmentera dans chaque fiécle, felon l'augmentation des lumiéres;
c'eft ainfi qu'on répandra une noble
émulation avec le goût des Belles-Let-
tres & des beaux Arts dans toute l'Europe.

Le nom des Frée-Maçons ne doit
donc pas être pris dans un fens litté-
ral, groffier & matériel, comme fi nos
Inftituteurs avoient été de fimples ou-
vriers en pierre & en marbre, ou des
génies purement curieux, qui vouloient
perfectionner les Arts. Ils étoient non
feulement d'habiles Architectes qui
vouloient confacrer leurs talens & leurs
biens à la conftruction des temples ex-
térieurs, mais auffi des Princes religieux & guerriers qui vouloient éclairer, édifier & protéger les temples vi-
vans du Très-Haut. C'eft ce que je vais
démontrer en vous dévelopant l'origine & l'hiftoire de l'Ordre.

Chaque Famille, chaque République

       &

& chaque Empire dont l'origine est perduë dans une antiquité obscure, a sa fable & a sa vérité, sa légende & son histoire, sa fiction & sa réalité. Quelques-uns font remonter notre Institution jusqu'au tems de Salomon, de Moïse, des Patriarches, de Noë même. Quelques autres prétendent que notre Fondateur fut Énoch, le petit-fils du Protoplaste, qui bâtit la premiére Ville, & l'apella de son nom. Je passe rapidement sur cette origine fabuleuse, pour venir à notre véritable histoire. Voici donc ce que j'ai pû recüeillir dans les très anciennes Annales de l'histoire de la Grande Bretagne, dans les Actes du Parlement d'Angleterre, qui parlent souvent de nos priviléges, & dans la tradition vivante de la Nation Britannique, qui a été le centre & le siége de notre Confraternité depuis l'onziéme siécle.

Du tems des guerres saintes dans la Palestine, plusieurs Princes, Seigneurs & Citoïens entrerent en Société, firent

vœu

vœu de rétablir les temples des Chrétiens dans la Terre sainte, & s'engagerent par serment à employer leurs talens & leurs biens pour ramener l'Architecture à primitive institution. Ils convinrent de plusieurs signes anciens, de mots symboliques tirés du fond de la Religion, pour se distinguer des Infidéles, & se reconnoître d'avec les Sarasins. On ne communiquoit ces signes & ces paroles qu'à ceux qui promettoient solemnellement, & souvent même aux pieds des Autels, de ne les jamais révéler. Cette promesse sacrée n'étoit donc plus un serment exécrable, comme on le débite, mais un lien respectable, pour unir les hommes de toutes les Nations dans une même confraternité. Quelque tems après notre Ordre s'unit avec les Chevaliers de S. Jean de Jérusalem. Dès-lors & depuis nos Loges porterent le nom de Loges de S. Jean dans tous les païs. Cette union se fit en imitation des Israëlites, lorsqu'ils rebâtirent le second Temple ; pendant qu'ils ma-

C 3

nioient

nioient d'une main la truelle & le mortier , ils portoient de l'autre l'Épée & le Bouclier. (*Esdras Chap. IV. v. 16.)* Notre Ordre par conséquent ne doit pas être regardé comme un renouvellement de baccanales , & une source de folle dissipation , de libertinage éfréné, & d'intempérance scandaleuse ; mais comme un Ordre moral , institué par nos Ancêtres dans la Terre Sainte, pour rapeller le souvenir des vérités les plus sublimes , au milieu des innocens plaisirs de la Société.

Les Rois, les Princes & les Seigneurs, en revenant de la Palestine dans leur Païs , y établirent des Loges differentes. Du tems des derniéres Croisades on voit déja plusieurs Loges érigées en Allemagne , en Italie , en Espagne , en France & de-là en Écosse , à cause de l'intime alliance qu'il y eut alors entre ces deux Nations.

Jacques Lord Steward d'Écosse fut Grand Maître d'une Loge établie à Kilwinnen dans l'Ouest d'Écosse en l'an 1286.

1286. peu de tems après la mort d'A-
lexandre III. Roy d'Écosse, & un an
avant que Jean Baliol montât sur le
Trône. Ce Seigneur Écossois reçut
Frée-Maçons dans sa Loge les Comtes
de Glocester & d'Ulster, Seigneurs
Anglois & Irlandois.

Peu à peu nos Loges, nos Fêtes &
nos solemnités furent négligées dans la
plûpart des païs où elles avoient été établies. De-là vient le silence des Histo-
riens de presque tous les Royaumes sur
notre Ordre, hors ceux de la Grande
Bretagne. Elles se conserverent néan-
moins dans toute leur splendeur parmi
les Écossois, à qui nos Rois confierent
pendant plusieurs siécles la garde de
leurs sacrées Personnes.

Après les déplorables traverses des
Croisades, le dépérissement des Ar-
mées Chrétiennes & le triomphe de
Bendocdar Soudan d'Égypte, pendant
la huitième & derniére Croisade, le
Fils d'Henry III. Roy d'Angleterre, le
grand Prince Édord voyant qu'il n'y

C 4

avoit

avoit plus de sûreté pour ſes Confreres
dans la Terre Sainte, quand les Troupes Chrétiennes s'en retireroient, les
ramena tous; & cette Colonie de Freres
s'établit ainſi en Angleterre. Comme ce
Prince étoit doué de toutes les qualités
du cœur & de l'eſprit qui forment les
Héros, il aima les beaux Arts, ſe dé-
clara protecteur de notre Ordre, lui ac-
corda pluſieurs priviléges & franchiſes,
& dès-lors les membres de cette Confraternité prirent le nom de *Francs-Ma-
çons*. Depuis ce tems la Grande Bretagne devint le ſiége de notre ſcience,
conſervatrice de nos loix, & la dépoſi-
taire de nos ſecrets. Les fatales diſcor-
des de Religion qui embraſſerent & dé-
chirerent l'Europe dans le ſeizième ſié-
cle, firent dégénérer notre Ordre de la
grandeur & de la nobleſſe de ſon origine. On changea, on déguiſa ou l'on re-
trancha pluſieurs de nos rits & uſages
qui étoient contraires aux préjugés du
tems.

C'eſt ainſi que pluſieurs de nos Confreres

freres oublierent, comme les anciens Juifs, l'esprit de notre Loy, & n'en conserverent que la lettre & l'écorce. Notre Grand Maître, dont les qualités respectables surpassent encore la naissance distinguée, veut qu'on rapelle tout à sa première institution, dans un Païs où la Religion & l'État ne peuvent que favoriser nos Loix.

Des Isles Britanniques, l'antique science commence à repasser dans la France sous le Regne du plus aimable des Rois, dont l'humanité fait l'ame de toutes les vertus, sous le ministére d'un Mentor qui a réalisé tout ce qu'on avoit imaginé de fabuleux. Dans ces tems heureux où l'amour de la paix est devenu la vertu des Héros, la Nation la plus spirituelle de l'Europe deviendra le centre de l'Ordre ; elle répandra sur nos Ouvrages, nos Statuts & nos mœurs, les graces, la délicatesse & le bon goût ; qualités essentielles dans un Ordre dont la base est *la sagesse, la force & la beauté du génie.* C'est dans nos Loges à l'avenir, comme dans des Ecoles publiques, que les François verront, fans voyager, les caractéres de toutes les Nations ; & c'eſt dans ces mêmes Loges que les Etrangers aprendront par expérience, que la France eſt la vraie Patrie de tous les Peuples : *Patria Gentis humanæ.*

STATUTS.

I.

NUL ne fera reçû dans l'Ordre, qu'il n'ait promis & juré un attachement inviolable pour la Religion, le Roy & les mœurs.

II.

Tout Brocanteur en incrédulité, qui aura parlé ou écrit contre les anciens Dogmes de l'ancienne Foy des Croiſés, fera exclus à jamais de l'Ordre, à moins qu'il ne faſſe abjuration de ſes blaſphêmes en pleine aſſemblée, & une réfutation de ſon Ouvrage.

III.

III.

Nul homme suspect de vices infâmes
& dénaturés ne sera admis qu'après
avoir donné pendant trois ans des preuves éclatantes de sa pénitence, & de
son amour pour le beau sexe.

I V.

Tout homme qui place la souverai-
ne félicité à boire, manger & dormir;
la perfection de l'esprit dans l'Art de
joüer, de jaser, de badiner, de sçavoir
l'histoire des toilettes, de parler le stile
des ruelles, de ne lire que des Contes
bleus, est incapable d'entrer dans l'Ordre.

V.

Tout Petit-Maître idolâtre de sa figure,
de son toupet & de ses ajustemens, sera
obligé en entrant dans l'Ordre, de s'ha-
biller simplement sans galons, sans bro-
derie & sans parure sémelle, pendant
l'espace de trois ans.

V I.

Nul hipocrite en probité, en valeur,

 en

en dévotion ni en morale sévére, ne fera reçû dans la facrée Confraternité.

VII.

Tout Sçavant qu'on recevra dans l'Ordre, fera tenu de promettre qu'il préférera à l'avenir le plaifir de fçavoir à l'envie de briller; qu'il tâchera d'avoir le beau dans la tête & le bon dans le cœur, & qu'il ne montrera jamais l'un que pour faire aimer l'autre.

VIII.

Nul bel Efprit qui aura médit, calomnié, fatyrifé en Vers ou en Profe, & dépenfé fes talens en faux frais, en fariboles, en fornettes immondes ou impies, ne fera reçû qu'après avoir fait un Ouvrage contre fa propre impertinence.

L'ÉTONNEMENT.

QU'un Cavalier suive par tout les pas
  D'une beauté qui l'a charmée ,
Que pour elle il quitte l'armée ;
  Cela ne me surprend pas :
Mais qu'un Abbé d'une mine friponne ,
  A Philis presque tout le jour
  Effrontément fasse sa cour ,
  Et lui marque sa vive amour ;
  C'est là ce qui m'étonne.

Qu'un Financier abondant en ducats,
  Risquant quelquefois sa fortune ,
  Perde au Lansquenet sa pécune ;
  Cela ne me surprend pas :
Mais que Damon qu'un Créancier talonne ,
  D'un seul coup risque un revenu
  Qui n'est pas encore venu ,
  Et qui bientôt sera perdu ;
  C'est là ce qui m'étonne.

Que Lycoris, la fleur de nos climats ,
  Pour un charmant Berger soupire ,
                            Qu'en

Qu'en ſes beaux yeux elle ſe mire ,
Cela ne me ſurprend pas :
Mais que la jeune & piquante Pomone
Écoute les vœux d'un Ragot ,
Et ſe plaiſe avec un Magot ,
Qui jamais ne ſçût dire un mot ;
C'eſt là ce qui m'étonne.

Que mon Iris vive & pleine d'appas ,
A peine au printems de ſon âge
Soupire après le mariage ;
Cela ne me ſurprend pas :
Mais qu'Aliſon, déja dans ſon Autônne,
Sans vigueur & ſans agrément,
Penſe encore au doux Sacrement,
Sans qu'il ſe préſente un Amant ;
C'eſt là ce qui m'étonne.

Qu'un froid Vieillard, pour prendre ſes
ébats,
Avec ſes amis ſous la treille
Vuide quelquefois la bouteille ;
Cela ne me ſurprend pas :
Mais qu'un Barbon, d'une jeune Pouponne
Veüille

Veüille encore éprouver les feux ,
Après trois veuvages affreux ,
Qui lui blanchissent les cheveux ;
C'est là ce qui m'étonne.

Qu'Amarillis en amoureux combats ,
Par l'éclat brillant de ses charmes ,
Fasse au plus fier rendre les armes ;
Cela ne me surprend pas :
Mais que Lison marchant à la dragonne ,
Pense captiver les Amans
Avecque ses cheveux ardens ,
Et la jaunisse de ses dents ;
C'est là ce qui m'étonne.

LE POËTE VENGÉ.*

AVORTON des neuf Sœurs ,
    Grenoüille du Parnasse ,
Qui que tu sois, réponds ; quelle impudente
    audace

---

* Cette Piéce, & celle qui la suit , ont été faite[s]
à l'occasion de quelques misérables couplets lâchés
contre M. C ***.

T'a

T'a contraint d'attaquer un redouté Géant,
Qui peut d'un seul regard te réduire au néant?
    Mais ne crains point : jamais dans sa no-
      ble colére,
Ce Héros n'attaqua qu'un illustre adversaire;
Il méprise les coups d'une trop foible main,
Et t'honora toujours du plus parfait dédain :
Semblable à ce grand Roy qùi força le Gra-
      nique,
Malgré les Boulevarts de l'Empire Persique,
Il ne veut, comme lui, dans les combats
      d'honneur,
Que des Rois dont il puisse éprouver la va-
      leur ;
Il craindroit de ternir son éclatante gloire,
S'il t'osoit disputer une foible victoire,
Il s'en est expliqué, j'en atteste les Cieux :
Je ne veux, m'a-t'il dit, qu'un ennemi fameux,
Je méprise un faquin que tout le monde
      ignore ;
Il croupit dans l'oûbli, qu'il y croupisse
      encore.
Il dit ; & je ne pûs, en entendant ces mots,
        Qu'admirer

Qu'admirer la grandeur & l'ame d'un
    Héros ;
Quelle noble fierté ! me difois-je à moi-
    même,
Que ce mépris eft grand ! que ma joye eft
    extrême !
S'il paroît quelqu'efprit & fçavant & jaloux,
Le fiécle de Céfar revivra parmi nous.
Mais quoi ! Je vois déja mon Baudet qui
    s'admire,
Charmé des aigres fons de fa fade Satyre,
Il croit que ce mépris à propos concerté
Marque ou trop de foibleffe ou trop de lâ-
    cheté :
Eh bien, prenons en main, du Héros la
    vengeance,
Et du plat rimailleur dévoilons l'ignorance.
    Dis-moi ; prétendois-tu dans tes folles fu-
    reurs,
Éternifer ton nom par de fales horreurs ?
Croyois-tu qu'Apollon, fecondant ton au-
    dace,
Te Placeroit au rang ou de Perfe ou d'Ho-
    race ?   Infenfé !

Insensé ! tu voulus croire ta passion,

L'infamie est le prix de ton ambition ;

Tu ne peux l'éviter, & je vois *Melpoméne*

Qui grave sur ton front le nom d'*Energuméne*·

Quel Démon furieux fait joüer les ressorts

De ton esprit rampant & de ton foible corps,

Sans respect, sans pudeur tu répands dans
   la Ville

Le noirâtre poison que ta plume distille,

La probité, l'honneur, l'esprit & le sçavoir,

De tout satiriser tu te fais un devoir ;

Il n'est pas aucun jour, où du fruit de tes
   veilles,

Tu n'oses empester nos yeux & nos oreilles ;

Encor, si tu sçavois manier un écrit,

Si l'on trouvoit en toi ce qu'on appelle esprit,

Peut-être l'on pourroit, charmé de ton génie,

Te passer un bon mot ou plaindre ta manie :

  Mais non ; tous tes écrits sales & dégoûtans

Semblent être formés en dépit du bon sens,

La rime & la raison, dans les vers si vantés,

De l'un à l'autre bout sont chez toi maltrai-
   tés ;

En

En un mot tes Écrits font des monstres hi-
  deux ,
La nature en frémit, j'en détourne les yeux.
  Mais ne crois pas pourtant éviter ma co-
    lere ,
Je prétends t'écraser , ou bien te faire taire ,
Écoute donc ces mots par où je vais finir ,
Peut-être ils te rendront plus sage à l'avenir ;
Du moins tu ne pourras méconnoître en ma
    Fable
Dans l'Asne maltraité ton portrait véritable.

L'ASNE ET LE ROSSIGNOL,
FABLE NOUVELLE.

UN tendre Rossignol, favori d'Apollon ,
    Dans les Bois du sacré Valon ,
Chantoit un jour l'objet dont la vive jeunesse
Avoit sçû captiver son cœur & sa tendresse :
Tout étoit attentif aux accens de sa voix ;
Un silence profond regnoit au fond des bois ;
  Les vents retenoient leur haleine ;
  Les ruisseaux ne couloient qu'à
    peine ;

Les

Les oiseaux d'alentour, charmés de ses doux
    sons,
Prenoient, en l'écoutant de sçavantes leçons.
Phébus alors couché sous un épais feüillage,
De son cher Rossignol entendit le ramage;
C'est lui-même, dit-il, avançons, hâtons-
    nous,
    Ne perdons rien d'un chant si doux.
    Il dit : & suivi de sa troupe,
    Il vint s'asseoir sur la prochaine croupe,
Là, près de lui l'on vit ces Poëtes fameux,
Qui seront révérés chez nos derniers neveux;
Là, tendrement couchés sur la molle ver-
    dure,
On vit le doux Racan & le badin Voiture,
Le naïf Lafontaine & le gêné Godeau,
Le sublime Corneille & le mordant Rous-
    seau.
    Là parurent aussi Malherbe le Lyrique,
Ronsard qui tient encore son chalumeau
    rustique;
Benserade qui sçait peindre amoureusement,
Et les yeux d'une belle & les feux d'un amant:
Regnier

Regnier qui nous charma par ſa vive Satyre,
Scaron qui n'écrivit que pour nous faire rire.
    Là brilloient la Chapelle, & Laſare &
        Chaulieu ,
Racine & Deſpréaux l'ornement de ce lieu.
Vous y fûtes auſſi, Marot, & vous Moliére,
    Avec l'aimable Deshouliére.
Tout s'y trouva , Menard, Deſmareſt &
      Villons ,
Et mille autres encor dont je paſſe les noms.
    Le Dieu des Vers à peine eût fait faire
      ſilence ,
Que l'Oiſeau favori reſſentant ſa préſence,
Se remit à chanter avec plus de douceur
La vive & tendre amour qui conſumoit
      ſon cœur.
    Sa voix devint plus animée,
    Toute la troupe en fut charmée ;
Le goſier de l'Oiſeau ne parut point laſſé,
Et Phébus avoüa qu'il s'étoit ſurpaſſé.
    Mais tandis que ſa douce & divine har-
      monie
    Enchantoit la troupe ravie ,

                   Un

Un Baudet près de-là, qui broutoit des
        chardons,
Crut pouvoir imiter de si tendres fredons ;
Il vous dresse à l'instant ses deux longues
        oreilles,
    Et croyant faire des merveilles,
De son large gosier, il pousse avec vigueur,
Un aigre son, suivi d'un ton qui fit horreur ;
Il redouble ; & Phébus indigné de colere,
L'impertinent ! dit-il, allez le faire taire,
Prenez, mes fils, prenez de gros & forts
        tricots,
Qu'à ce sot animal on brise tous les os.
    Alors vous eussiez vû cette troupe sçavante
S'armer de gros bâtons, & d'une main pesante
    Étriller de bonne façon
Le Baudet qui poussoit un lamentable son.
Chacun, à qui mieux mieux fit pleuvoir sur
        sa tête
Une gréle de coups semblable à la tempéte ;
    On dit qu'entr'autres Desmarest,
D'un coup fort à propos lui rompit un jarrêt ;
Ainsi moulu de coups, l'Animal d'Arcadie
              Fut

Fut chassé du Parnasse avec ignominie.
Alors réfléchissant sur son malheureux sort,
Il blâma son audace, & reconnut son tort :
Je mérite, dit-il, tous les maux que j'en-
    dure,
Mon orgueil est puni ; mais, par ma foi j'en
    jure,
Jamais mes aigres sons poussés à contre-tems,
Du tendre Rossignol ne troubleront les
    chants.

ÉPILOGUE.

L E sens de cette Fable est facile à com-
    prendre ;
    On veut par là nous faire entendre,
Que jamais il ne faut se mêler ici bas
D'un métier que l'on n'entend pas ;
Sans cela, des Experts on devient la risée,
Témoin ce Rimailleur, dont la Muse for-
    cée
    N'enfante, & ne sème en ces lieux,
Qu'une façon de vers dégoûtans, ennuïeux,
                                        Où

Où l'on ne reconnoît qu'une extrême impu-
    dence ,

Et des regles de l'art une craſſe ignorance.
    Ils ſont bien faits , dit-on , ils ſont beaux ,
      ils ſont grands ;

Ils ſont beaux , qui le dit ? De parfaits igno-
    rans ,

Qui n'eurent en naiſſant qu'un corps pour
    tout partage ;

Muſe , tu les connois , n'en dis pas d'avan-
    tage.

Ah ! que de tels Grimauds mépriſent mes
    écrits ?
      Je conſens d'écrire à ce prix.

ÉPITRE

EPITRE
A URANIE.

Par M. DE VOLTAIRE.

TU veux donc, charmante Uranie,
 Qu'érigé par ton ordre en Lucrece
  nouveau,
 Devant toi d'une main hardie,
A la Religion j'arrache le bandeau,
Que j'expose à tes yeux le dangereux tableau
Des mensonges sacrés dont la terre est rem-
  plie,
 Et qu'enfin ma Philosophie
T'aprenne à méprifer les horreurs du tom-
  beau,
 Et les terreurs de l'autre vie.
Ne crois pas qu'ennivré de l'érreur de mes
  sens,
De ma religion blasphémateur profane ;
Je veuille avec dépit dans mes égaremens,
Détruire en libertin la loi qui les condamne ;

D

Examinateur

Examinateur scrupuleux
Du plus redoutable mistere ,
Je prétens pénétrer d'un pas respectueux
Au plus profond du sanctuaire
D'un Dieu mort sur la Croix que l'Europe
    révére ;
L'horreur d'une éternelle nuit
Semble cacher ce Temple à mon œil témé-
    raire ,
Mais la raison qui m'y conduit
Fait marcher devant moi son flambeau qui
    m'éclaire.
Les Prêtres de ce Temple avec un front
    sévere
M'offrent d'abord un Dieu que je devrois
    haïr ;
Un Dieu qui nous forma pour être misé-
    rables ,
Qui nous donna des cœurs coupables ,
Pour avoir droit de nous punir ,
Nous fit à lui-même semblables ,
Afin de nous mieux avilir ,
Et nous faire à jamais sentir

Les

Les maux les plus insuportables.
Il forme à peine un homme à son image,
  Qu'on l'en voit soudain repentir ;
Comme si l'Ouvrier n'avoit pas dû sentir
Les défauts de son propre ouvrage
  Et sagement les prévenir.
  Bientôt sa fureur meurtriére
Du monde épouvanté sape les fondemens,
Dans un déluge d'eau détruit en même tems
  Les sacriléges habitans
  Qui remplissoient la Terre entiére
  De leurs honteux déréglemens.
Sans doute on le verra par d'heureux chan-
    gemens
Sous un ciel épuré redonner la lumiere
A de nouveaux humains, à des cœurs inno-
    cens,
De sa haute sagesse aimables mouvemens.
  Non, il tire de la poussiere
  Un nouveau peuple de Tyrans :
  Une race livrée à ses emportemens,
  Plus coupable que la premiere,
Que fera-t'il ? Quels foudres éclatans

Va sur ces malheureux lancer sa main
       sévere !
Va-t'il dans le cahos plonger les Élémens ?
     O prodige ! ô tendresse ! ô mystere !
     Il venoit de noyer les peres ,
     Il va mourir pour les enfans.
Il est un peuple obscur , imbécile & volage,
Amateur insensé des superstitions ,
Vaincu par ses voisins , rampant dans l'escla-
      vage
Et l'éternel mépris des autres Nations :
Le Fils de Dieu , Dieu même oubliant sa
      Puissance ,
Se fait concitoyen de ce peuple odieux ;
Dans les flancs d'une Juive il vient prendre
      naissance ,
Il rampe sous sa mere, il souffre sous ses yeux
     Les infirmités de l'enfance.
Long-tems vil ouvrier , le rabot à la main ,
Ses beaux jours sont perdus dans un lâche
      exercice ;
Il prêche enfin trois ans le Peuple Iduméen ,
     Et périt du dernier supplice,

Son

Son sang, du moins le sang d'un Dieu mou-
    rant pour nous,
N'étoit-il pas d'un prix assez noble, assez
    rare,
    Pour suffire à parer les coups
    Que l'Enfer jaloux nous prépare.
Quoi ! Dieu voulut mourir pour le salut de
    tous,
    Et son trépas m'est inutile !
Quoi ! l'on me vantera sa clémence futile !
Quand, remontant au Ciel, il reprend son
    courroux,
Quand sa main nous replonge aux éternels
    abîmes,
Et quand par sa fureur effaçant ses bienfaits,
Aïant versé son sang pour expier nos crimes,
Il nous punit de ceux que nous n'avons pas
    faits.
Ce Dieu poursuit encore, aveugle en sa co-
    lere,
Sur ses derniers enfans l'erreur du premier
    Pere,
Il en demande compte à cent peuples divers

D 3   Assis

Affis dans la nuit du menfonge
Et dans l'obfcurité, où lui-même les plonge,
Lui qui vient, nous dit-on , éclairer l'Uni-
vers.
Amérique , vaftes contrées ,
Peuple que Dieu fit naître aux portes du
foleil ,
Vous , Nations hiperborées ,
Que l'erreur entretient dans un profond fom-
meil ,
Vous ferez donc un jour à fa fureur livrées ,
Pour n'avoir pas fçû qu'autrefois ,
Sous une autre Hémifphere , aux plaînes
Idumées ,
Le Fils d'un Charpentier expira fur la Croix,
Je ne reconnois point à ces fauffes images
Le Dieu que je dois adorer ,
Je croirois le deshonorer
Par un fi criminel hommage.
Entends , Dieu que j'implore , entends du
haut des Cieux
Une voix plaintive & fincere ,
Mon incrédulité ne doit pas te déplaire ;

Mo

Mon cœur est ouvert à tes yeux ,
On te fait un tyran , en toi je cherche un
pere ;
Je ne suis pas Chrétien , mais c'est pour
t'aimer mieux.
Ciel ! ô Ciel ! quel objet vient de fraper ma
vûë !
Je reconnois le Christ puissant & glorieux ;
Auprés de lui dans une nuë
Sa Croix se présente à mes yeux.
Sous ses pieds triomphans la mort est abatuë ;
Des portes de l'enfer il sort victorieux ,
Son regne est annoncé par la voix des Ora-
cles ;
Son Trône est cimenté par le sang des
Martirs ;
Tous les pas de ces Saints sont autant de mi-
racles ;
Il leur promet des biens plus grands que
leurs desirs,
Ses exemples sont saints , sa morale est
Divine ,
Il console en secret les cœurs qu'il illumine ,

D 4   Dans

Dans les plus grands malheurs il leur offre
    un apui ,
Et si sur l'imposture il fonde sa doctrine ,
C'est un bonheur encor d'être trompé par lui.
Entre ces deux portraits, incertaine Uranie,
C'est à toi de chercher l'obscure vérité ,
A toi que la nature embellit d'un genie
    Qui seul égale ta beauté.
Songe que du Très-Haut la sagesse éternelle
A gravé de sa main dans le fond de ton cœur
    La Religion naturelle ;
    Crois que ta beauté, ta douceur
Ne sont point les objets de sa haine immor-
    telle ;
Crois que devant son Trône en tout tems,
    en tous lieux ,
    Le cœur d'un juste est précieux.
Crois qu'un Bonze modeste, un Dervis cha-
    ritable ,
    Trouvent plutôt grace à ses yeux
    Qu'un Janséniste impitoyable ,
    Ou qu'un Pontife ambitieux.
Et qu'importe en effet sous quel titre on
    l'implore ?   Tout

Tout hommage est reçu , mais aucun ne
    l'honore ;
Un Dieu n'a pas besoin de nos soins assidus;
Si l'on peut l'offenser , c'est par des injustices :
    Il nous juge sur nos vertus ,
    Et non pas sur nos sacrifices.

ODE

A M. DE VOLTAIRE.

PLEIN d'une sainte vengeance
    Je t'invoque , Dieu des Dieux ,
Pour confondre l'arrogance
D'un impie ingénieux.
Ah ! toujours fougueux Voltaire,
Par un essor téméraire
Attaqueras-tu le Ciel ?
Ingrat! le Dieu, que tu blesses,
T'a comblé de ses largesses
Plus qu'aucun autre mortel.

Déja je me fais entendre ;
Tes remors parlent pour moi :
Réponds , tâche de m'aprendre
Pourquoi tu détruis ma foi.
Dans la Divine parole
Que trouves - tu de frivole ?
Quel bandeau peut t'aveugler ?
Sois mon Œdipe toi - même ;
Est ce ton cœur qui blasphême ?
Ton esprit veut-il briller ?

Du sentiment populaire ,
Adversaire trop outré ,
Avec le nombreux vulgaire ,
Tu rougis de penser vrai.
Que je vois d'esprits sublimes
Suivre , en enfans, les maximes
Que me dicte Jesus-Christ !
Maximes vraiment Divines ,
Les Corneilles , les Racines !
Vous ont soumis leur esprit.

Qu'à ton exemple , plus sage ,
Un peuple d'Adorateurs

Cesse

Cesse enfin de rendre hommage
A tes talens enchanteurs.
Que t'importent, des Théâtres,
Les louanges idolâtres ?
Tu n'en es point honoré : *
C'est combattre t'on sistême,
Tu connois un Dieu suprême,
L'as - tu jamais adoré ?

On te croiroit, à t'entendre ;
Le fléau du préjugé ;
C'en est un de le prétendre,
Tu n'en es point d'égagé.
Se fuir, se vouloir séduire,
Juger, sans oser s'instruire,
Te voilà ; tu le sens bien :
Peut-étre, encor plus étrange,
Qu'aujourd'hui le culte change,
Demain tu seras chrétien.

Voltaire, rends toi justice,
Je te peins par ce seul trait ;

* Voltaire dans son Épitre à Uranie, dit que Dieu n'est point honoré par nos hommages.

Tu

Tu reconnois ton caprice
A ce fidéle portrait.
Orgueilleux de ton génie
Tu n'aveugles Uranie ,
Que pour te diftinguer mieux.
Nouvel Ange de lumiére
Tu rétraces fur la terre
L'orgueil qu'il eut dans les Cieux.

Tu prétends , nouveau Lucrece ,
Et tu le prétends en vain ,
Du culte que je profeffe ,
Rompre le bandeau divin.
Ah ! confulte mieux ta gloire ,
Tu difâmes ta mémoire
Par tes fiftêmes Anglois.
De Pekin , Bifance & Rome ,
Penfes - tu détourner l'homme
Pour le fixer fous tes loix.

Par certains tours énergiques ,
Dont on aime les beautés ,
Chez toi des erreurs antiques

Ont

Ont un air de vérité.

Tu sçais , séducteur insigne ,
Ne nous laisser aucun signe
Que tes Docteurs ont écrit.
Ton Art fait tout ton solide ;
Ton Déisme est insipide
Sans le sel qu'y met l'esprit.

A tes qualités sublimes ,
J'éléverois des Autels ;
Mais tes sacrileges rimes
Les rendroient trop criminels.
Par quelle bizarrerie ,
De ta brillante Patrie ,
Es-tu l'opprobre & l'honneur ?
Des vertueux & des sages ,
Pascal à tous les sufrages ;
Est-il moins illustre auteur ?

Plus un rare esprit pénétre ,
Je le confesse avec toi ,
Plus il a peine à soumettre
Ses sentimens à la foi :
Mais sans elle , il ne lui reste

Que la reſſource funeſte
De demeurer incertain.
Sous la ſageſſe infinie ,
D'où part ſon rare génie ,
S'il penſe, il plira ſoudain.

J'aperçois ſous le tonnerre ,
Si j'y jette un œil ſçavant ,
Tous les cultes de la terre
Se former , changer ſouvent.
Tout a coup , ſous ſon empire ,
J'en vois un ſeul les réduire ;
Il eſt ſtable , c'eſt le mien.
Numa , ta loi politique
Céde au dogme évangelique ,
Et l'univers eſt chrétien.

Tout prouve que mon hommage
N'eſt point l'œuvre d'un humain ;
J'en croirai le témoignage
De tout l'empire Romain.
Dois-je à mon culte , infidelle ,
En croire Socin & Baile ,
Qui me laiſſent dans la nuit ?

Que

Que ton Roy te foit , Voltaire ,
Un exemple falutaire ;
La mort vient , le rémors fuit.

L'ART D'AIMER.

A MADAME * * *

L'Amour veut un culte fuprême ,
Il veut dominer feul fur fes adorateurs :
Les autres paffions l'énervent à l'extrême ;
Il faut n'obéïr qu'a lui même
Si l'on veut reffentir fes plus vives faveurs.

Que d'amans font fouvent vainqueurs ,
Sans joüir comme il faut , fans fçavoir com-
me on aime !
Hélas ! l'amour , dans plus d'un cœur ,
Eft moins fentiment que fureur !

En vain l'aimable & tendre Ovide ,
Inftruit par les amours , a fait un art d'aimer :
De ce Livre charmant , tout le monde eft
avide ,
Mais c'eft moins pour trouver un guide ,
Que pour voir des portraits qui peuvent en-
flamer.

flamer.
Ses leçons fur l'art de charmer
Au commun des humains n'offrent rien de
solide,
Hélas ! l'amour dans plus d'un cœur ,
Eſt moins fentiment que fureur.

❧❧❧

Souvent l'amant le plus vulgaire
Atrape le maintien d'un amant délicat ;
Langage , ardeurs , foupirs , il fçait tout
contrefaire . . .
Beau fexe , il veut fe fatisfaire ;
Craignez de fuccomber , vous feriez un
ingrat.
Des fermens faites peu d'état ,
Étudiez long-temps l'amant qui veut vous
plaire.
Hélas ! l'amour , dans plus d'un cœur,
Eſt moins fentiment que fureur.

❧❧❧

Vous le fçavez , belle Silvie ,
Tout refpire dans moi l'aimable volupté :
D'une conſtante ardeur , ma tendreſſe eſt
fuivie ;

J'aime

J'aime uniquement dans la vie
Les sentimens, l'esprit, les graces, la beauté.
Puissai-je enfin être imité !
Mon ame à découvert seroit peut-être envie.
Hélas ! l'amour dans plus d'un cœur ,
Est moins sentiment que fureur.

ÉPIGRAMME.

UN Moine à barbe exploitant bonne
Sœur ,
Réitéroit souvent ce doux labeur.
Ah ! c'est assez , finissons , lui dit-elle ;
On sonne au Chœur ; je vais où Dieu m'a-
pelle.
Eh quoi , si vîte ? Encore un pauvre *Ave* ,
Encor , ma Sœur , & puis je me retire.
Qu'un *Ave* ? Soit : voyons , je vais le dire ;
Ça faites donc , j'y joindrai le *Salve*.

LA COQUETE.

DAns vieux & modernes grimoires ,
J'ai lû mainte-fois les histoires
Des amoureux infortunés ,   De

De ces amans toujours bernés
Par des attentes illusoires,
Et dont les soupirs surannés
N'ont jamais été méritoires.
J'en ai vû de mal-entendus
Qui, de rage, se sont pendus ;
D'autres (c'est pis que de se pendre)
Qui voyant leurs vœux assidus
Rejettés, mocqués, confondus,
Sans espoir, n'osant plus attendre
Qu'on aimât leurs individus,
Moines froqués se sont rendus.
Je vous plains sur tout, sots tondus,
Mais, ma foi, vos burlesques peines,
N'avoient point égalé les miennes.
J'aime, que dis-je ? Je suis fou,
Mais fou jusqu'a perdre le cou,
D'une comique créature,
Jeu grotesque de la nature,
Qui, du côté de la figure,
Sans qu'elle à les yeux d'un matou,
Tiendroit en tout du Sapajou.
Très épaisse est son encolure ;

Son

Son corps maſſif en feroit trois:
Parée , ainſi que ſans parure ,
Sa taille égale ſon minois.
(Mon bon goût brille dans ce choix.)
Quant au reſte de ſa ſtructure ,
Je n'en dis rien pour cette fois ;
Car auſſi cruelle que laide ,
En vain je la preſſe & l'excede ;
En vain je meurs à ſes génoux ,
Jamais la Coquine ne cede ;
Elle égratigne , entre en courroux ,
Et traite mes tranſports de ſous.
Elle a raiſon , oui , je l'avouë :
Mais cette raiſon , que je louë ,
Parle bien foiblement au cœur
Quand l'amour en eſt le vainqueur.
Convaincu que c'eſt une tache
D'idolâtrer pareil objet
Et d'en être fou ſans ſujet ,
Souvent je me plains , je me fâche
De ſoupirer ſans nul effet ;
Elle en rit : je la prens , je tâche
De la réduire tout à fait ;
(Car ſa réſiſtance m'attache.)   Pour

Pour empêcher mon sot projet ,
Elle apelle , on vient , & je lâche.
(Dans ces quarts d'heures amoureux ,
Un témoin est toujours fâcheux.)
Je vois pourtant que ce manége
Flate son petit esprit vain :
Elle m'agace , elle m'assiége
Par fréquens baisers elle alége
Le très ridicule chagrin
Que j'ai de voir son bras mutin
Toujours me repousser la main.
Son orgueil donne un privilége ,
Son cœur le refuse soudain.
Le témoin sort ; je recommence.
Même apel , même résistance ;
Il lui vient encor du sécours.
Une stoïque contenance
Succede à mes combats trop courts,
Le ris la prend : ma patience ,
Quoi que j'enrage à toute outrance ,
Est le remede où j'ai recours.
Que faire ? Il faut , par complaisance ,
L'écouter. Oh Dieux ! quels discours !

Quels

Quels riens ! quels torrens de paroles !
Que ne suis-je au nombre des sourds !
Jeu, bal, répas, ménage, atours,
Sont les fatuités frivoles
Dont elle m'entretient toujours.
Si du moins, stable en ses fornettes,
Elle m'achevoit un récit,
Fait au babil des femmelettes
J'écouterois ce qu'elle dit :
Mais, dans ses verves indiscretes,
Disant beaucoup, n'achevant rien,
Elle surpasse ces Nonettes
Que le Vert-vert glosa si bien.
L'histoire d'hier est la même
Dont elle m'assomme aujourd'hui.
Je veux fuïr : un atrait suprême
Me force à vaincre mon ennui.
Pour rompre, je parle sistême,
Amour, bel esprit, sentiment;
Je veux la fixer un moment.
Elle rend vain tout stratagéme,
Je fixerois plutôt le vent.
Assez bien, la droline chante :

Mais

Mais toujours chanter .. j'en suis las.
Demandez-moi donc qui me tente
Dans cet objet , dont je fais cas.
Son cœur est bon; sans lui déplaire ,
Je lui dis maintes vérités ;
Et ces vers , que je viens de faire
Dans un quart d'heure de colere ,
Sans courroux seront écoutez.

CHANSON,

APOLOGIE DU JANSÉNISME.

Sur l'Air : *Grands Philosophes je vous blame.*

N Argue du dogme Moliniste ;
    Sa nouvauté ne peut que m'allarmer.
  Vive le parti Janséniste ,
Il ne prescrit à mon cœur que d'aimer.
Je reconnois, & je sens que les graces
    Sont toujours efficaces ;
      Car une beauté
      Agit avec liberté
      Sur ma volonté.

QUI-PRO-QUO,

Sur l'Air : *Des Folies d'Espagne.*

C'Est bien à tort qu'à la Vierge on
    m'égale,
Dit Sœur Agnès, d'un ton tout ingénu ;
Je connois l'homme, & cette humble ves-
    tale,
Plus pure encor, ne l'a jamais connu.

BOUQUET.

ÇA, ma Muse, réveillez-vous ;
  C'est trop long-tems être endormie :
Manon veut de petits Vers doux,
Il faut en faire : allons, ma mie.
Vous sçavez tout ce que je doi
A cette aimable & tendre amie ;
Si je n'obéis à sa loi
Je vais m'en faire une ennemie.
Allons, vîte secourez-moi.
Je l'aime, c'est demain sa fête ;

Il lui faut un Bouquet , ... Eh quoi ?
Vous faites la sourde , je croi.
Allons , ma plume est toute prête . . . .
Eh bien ? . . . J'en enrage morbleu.
En vain contre elle je tempête ,
Il ne sort de ma foible tête
Que des Vers à jetter au feu.
Pour un très orgueilleux Poëte
Voilà sans doute un triste aveu.
Jamais de l'impuissant Ovide
Le malheur n'égala le mien ;
Sa Corine étoit trop avide ,
Et Manon ne veut presque rien.
Qu'Ovide eut bien fait mon affaire ,
Dans les Vers il étoit rompu ;
Il feroit ce que je n'ai pû ,
Je ferois ce qu'il n'a pû faire.
Voilà mon fort , voyez , Manon ,
Si cela vous convient ou non.
Le Bouquet que je vous propose
Vaut cent fois mieux que Vers & Prose.
Dites si ce Bouquet vous plaît ,
J'irai l'offrir , il est tout prêt.

LETTRE

LETTRE
A MADAME DE ✶✶✶

Non je ne suis point satisfait,
Chére Maman, Belle entêtée,
De cette Épitre, trop hâtée,
Qu'hier, sans loifir & diftrait,
Je te barboüillai, Dieu le fçait.
Ne penfes pas en être quitte ;
De ma colére non petite,
Tu n'as encor vû qu'un extrait.

Comment ? Je n'en reviens pas. Tu
m'offres du firop ; je te refufe opiniâtrement,
& plus opiniâtre que moi, tu me l'envoyes ?

Je fuis femme, me diras-tu,
L'opiniâtreté fait notre caractére :
Une Madame dégénére
Qui manque de cette vertu.

Et moi, qui fuis homme, & très homme, je croirois dégénérer, ne t'en déplaife,
fi j'acceptois ton firop.

Du firop à moi ! quel préfent !

E   En

En est-il de plus offensant ?
Ma foi , si fur ce ton tu débutes , la Belle,
J'aurai bientôt de la dentelle ,
Une quenoüille , des fufeaux ,
Et toute la vaine féquelle
Des ragoûts femmelets , fucres , bombons,
firops.
C'étoit à quelques Damoifeaux
Que convenoit pareille bagatelle ;
Par exemple : au Papa mignon ,
Ce doucereux penche-chignon ,
Dont les aparences dévotes
Demandent que tu le firoptes :
A cet Abbé , Poupin fieffé ,
Jeune & gentille Demoifelle ,
Qui de riens meubla fa cervelle
Pour aller plus de pair avec l'État coëffé.
Mais à moi qui me pique de faire un con-
trafte parfait avec ces femmes manquées, il
ne falloit offrir que toi. C'eft un préfent di-
gne d'un homme.
Tout ton aimable individu,
Tout ton petit charmant toi-même

Eft

Eſt un don friand & dodu
Qui vaut tous les ſirops , qui vaut un Dia-
    dême.

LE NEZ ET LES PINCETTES.

Conte par PIRON.

LE s Saints & les diables enſemble
  Eurent toujours maille à partir;
Mais ce qui doit nous avertir
Qu'il faut que chacun de nous tremble ,
C'eſt que le Serviteur de Dieu
N'a pas toujours avec le diable
Tiré ſon épingle hors du jeu ,
Ou la Legende eſt une fable.
  Jadis un vieux Saint exiſtoit ,
Lequel Apothicaire étoit ;
Car en quelque état que l'on vive ,
Eſt ſaint qui veut , noble , vilain ,
Voire pis , témoins Saint Crépin ,
Sainte Madeleine & Saint Yve.
Un jour que pour le bien public
Manipulant quelques recettes ,

E 2   Le

Le Diſtilateur en lunettes,
Dans un fourneau , ſous l'alambic ,
Fourgonnoit avec des pincettes :
Voici venir le tentateur,
En intention de diſtraire
Le vigilant Opérateur ,
Et d'être ainſi l'inſtigateur
D'un quiproquo d'Apothicaire.
Devant le Saint Monſieur Satan
Culbute, caracole & fringue ;
Le fanatique charlatan
De mille façons ſe diſtingue ;
Entr'autres le corps du lutin
Se tourne en cilindre d'étain ,
Repréſentant une ſeringue ,
Il fait de ſon Nez le canon ,
Soupirail exhalant la peſte ,
De ſa gueule un mortier bouffon ,
Et de ſa langue un gros pilon ,
Dont le mouvement circulaire
Faiſoit un petit carillon ,
Tel qu'au ſabat on peut le faire.
Des ténébres le Roy Falor

Epuiſa

Epuisa là tout son calot ;
Mais ce qu'il y gagna fut mince ,
Car le bon Saint ne disant mot ,
Fait cependant rougir sa pince ,
Puis l'adressant au nez du Prince ,
Vous le lui serre comme il faut.
Le diable fait un soubre-saut ,
Montre de longues dents qu'il grince ,
Veut avancer , veut reculer ,
Tend les griffes , serre la queuë ,
Ruë & beugle à faire trembler
Toute la terre & sa banlieuë.
Cependant en malin sournois ,
L'autre jouït de sa victoire ,
Et fait faire au diable vingt fois
Le tour de son laboratoire ,
Jusqu'à ce que las de ce jeu ,
Il renvoya la bête au gîte ;
Et pour l'y faire aller plus vîte ,
Il lui seringua pour adieu
Quelques petits jets d'eau benîte.
　C'est s'en tirer avec honneur :
Heureux le saint Pharmacopole ,

S'il

S'il eut d'une telle faveur
Raporté la gloire au Seigneur.
Par malheur, en tournant l'épaule,
Le Diable avoit trouvé moyen
Pour se dépiquer de son rolle,
De jetter au cœur du Chrétien
Un grain de sa vanité folle,
Dont à son tour le Tout-Puissant,
Très mécontent avec justice,
Châtia le Saint, en laissant
Triompher un tems la malice
Du maudit lyon rugissant,
Dont voici quel fut l'artifice.

Il s'envelopa d'une peau
De ces gens chargés de cuisine,
Masse de chair faite en tonneau,
Pesante, espece de pourceau,
Qui roule ici-bas sa machine,
Et qui pliant sous le fardeau,
Sur deux pieds quelquefois chemine
A la Ville & dans le quartier
Où le Saint faisoit son métier.
Le masque à figure massive,

En Moine de Cîteaux arrive,
Va defcendre chez le Baigneur,
Se met au lit, fait le malade,
Et mande le premier Docteur
Qui vient lui débiter par cœur
Cent mille & une coyonade,
Et termine le fot narré
Par la formule réguliere
Du *clifterium donare*
De la faculté de Moliere.
Là paroît l'humble Apothicaire,
Tout prêt à donner de fa main
Avec fa mine débonnaire,
Le remede chaud & bénin.
   Dieu des Vers & de la Peinture,
Aidez-moi dans cette avanture.
Voilà tout bien apareillé,
Le Moufquetaire agenouillé,
Et le malin corps en pofture:
Mais, quoique longue outre mefure,
La canule n'arrivoit point
A mi - chemin de l'embouchure;
Pour que tout donc aille à fon point,

 De

De deux valets l'effort s'y joint,
Chacun d'eux du fessier difforme
Prend une part, la tire à soi,
Et de l'ennemi de la foi
Présente le podex énorme.

Le Collateur un peu butor,
Qui malgré cela craint encor
De s'égarer dans la bruyere,
Et qui pour ses péchés de plus
Etoit un peu court de visiere,
Met le nez si près du derriere,
Qu'il est à deux doigts de l'anus.

C'est où mon drôle attend son homme;
On ne peut trop admirer comme
Droit au-devant la bague alla,
Et d'elle-même s'enfila.
Alors sur chaque joüe on laisse
Retomber l'une & l'autre fesse;
L'impitoyable Lucifer
A cris, ni pleurs ne veut entendre,
Et change en tenailles d'enfer
L'endroit où le nez s'est fait prendre.
Ah! vous avez beau trépigner,

Vous

Vous voilà pris, l'homme aux pincettes,
C'est à vous de vous réfigner,
Car de la façon dont vous êtes,
Vous ne pouvez pas vous figner:
Il dit, & plus fier de fa proye
Que ne le fut le beau Paris
Raportant la fienne de Troye,
L'infâme ravifleur déploïe
Ses ailes de chauve-fouris,
Et s'éleve en l'air avec joye.
Spectacle horrible & fcandaleux
Au cul du démon cauteleux,
Et de qui triomphe la fraude;
L'un d'entre les prédeftinés,
Un Saint en l'air & par le nez
Pendu comme une gringuenaude.
Ainfi fur le faint homme Job,
Le Dieu d'Ifaac & de Jacob,
Jadis de la même puiffance,
Toléra l'affreufe licence,
Et bientôt fçut y mettre fin,
Auffi mit-il ici la main.
Le Saint reconnut fon offenfe;

E 5   Dieu

Dieu tonna; le malin esprit
Ouvrit la pincette maudite:
Et de la foire qui lui prit,
Aspergeant le nez du contrit,
Adieu, lui dit-il, quitte à quitte.

LA MULE DU PAPE.

Frere très-cher, on lit dans S. Mat-
      thieu,
Qu'un jour le diable emporta le bon Dieu
Sur la Montagne, & là lui dit, beau Sire;
Vois-tu ces mers, vois-tu ce vaste Empire,
Ce nouveau monde inconnu jusqu'ici,
Rome la grande & sa magnificence?
Je te ferai maître de tout ceci,
Si tu veux me faire la révérence.
Notre-Seigneur ayant un peu rêvé,
Dit au Démon, que quoiqu'en aparence,
Avantageux le marché fût trouvé,
Il ne pouvoit le faire en conscience,
Ayant toujours oüi dire en son enfance,
Qu'étant si riche on fait mal son salut.

Un

Un tems après notre ami Belzebut
Alla dans Rome ; or c'étoit l'heureux âge
Où Rome étoit fourmilliere d'Elus :
Le Pape étoit un pauvre personnage ,
Pasteur de gens, Evêque , & rien de plus.
L'esprit malin s'en va droit au Saint Pere ,
Dans son taudis l'aborde , & lui dit , frere ,
Si tu voulois tâter de la grandeur ;
Si j'en voulois, oüi par Dieu, Monseigneur,
Marché fut fait , & voilà mon Pontife
Aux pieds du Diable, & lui baisant la griffe :
Le farfadet , d'un ton de Sénateur ,
Lui met au chef une triple couronne ;
Prenez , dit-il , ce que Satan vous donne ;
Servez-le bien , vous aurez sa faveur.
O vous Papes , voilà l'unique source
De tous vos biens , comme sçavez ,
      & pour ce
Que le S. Pere avoit en son tracas
Baisé l'ergot de Monsieur Satanas :
Ce fut depuis chose à Rome ordinaire ,
Que l'on baisa la Mule du S. Pere.
Que s'il advient jamais que ces vers-ci
E 6   Tombent

Tombent ès mains de quelque galant hôme,
C'est bien raison qu'il ait quelque souci
De les cacher, s'il fait voyage à Rome.

LE NOUVEAU ROY

DES GRENOUILLES,

O U

LE P.J. DANS UN FOSSÉ.

STANCES LIBRES.

VOus qu'on vit autrefois sur le haut
du Parnasse,
Folâtrer avec du Cerceau (*a*) ,
Venez, badine Muse, animant mon audace,
Guider mon timide pinceau.

Souffrez aujourd'hui que je chante
Sur les bords du sacré valon ,
Une avanture assez plaisante ,
Pour dérider les sourcils d'Apollon.

(*a*) Jesuite qui a composé des vers sur des sujets
assez plaisans.

Près

Près des lieux où périt Charles le Témé-
    raire , (*b*)
S'éleve une Maison (*c*) dont l'aspect enchanté
    Auroit sans doute de quoi plaire ,
Si l'on pouvoit y vivre en toute liberté.

    Mais un nombreux essain de folâtre jeu-
    nesse , (*d*)
Dont , sur ma foi , le meilleur n'en vaut
    rien ,
A l'entour de ce lieu court, va, revient sans
    cesse ,
Pour voir ce qui s'y fait , ou de mal , ou de
    bien.

    Encor , si l'on pouvoit de quelque épais
    ombrage
Parer les traits malins qui partent de leurs
    yeux ;
    Mais , ô douleur , ô desespoir , ô rage !
    Il n'est point d'ombrage en ces lieux.

(*b*) Dernier Duc de Bourgogne tué devant Nan-
cy , en assiégeant René dans sa Capitale.

(*c*) Maison de Campagne des J * * *.

(*d*) Les Écoliers rodent sans cesse autour de cette
Maison.

Pour furcroit de malheur , une race mé-
    chante ,
D'animaux (*e*) dont la terre enferme les
    foyers ,
    Vient ronger l'écorce naiffante
    De nos jeunes Poyriers.

    Bien en prit au vieillard, (*f*) qui donna
    des chauffures
A nos tilleuls craintifs , à nos foibles or-
    meaux ;
Moins pour les garantir des piquantes froi-
    dures ,
Que de la trifte dent de ces vils animaux.
    Sans les foins empreffés du Barbon cha-
    ritable ,
    Ces lieux deftinés aux plaifirs ,
Ne feroient aujourd'hui qu'un défert ef-
    froyable ,
    Séjour de pleurs & de foupirs.

(*e*) On voit près de-là une garenne qui fourmille
de lapins.

(*f*) Le P. J. garniffoit le pied des arbres de vieux
lambeaux de foutanes.

Mais

Mais c'eſt trop exhaler la douleur qui m'inſ-
    pire :
Allons au fait , & ſans détour ;
Aujourd'hui , Muſe , il nous faut rire ,
Nous pleurerons un autre jour.

Décrivez nous l'entrée où ſe paſſa la ſcene
Que je vais dans mes vers tranſmettre à nos
    neveux ;
Venez , Muſe , échauffer ma veine ,
Point de trait qui ne ſoit heureux.

D'abord ſe préſente à la vûë
Un large & vaſte enclos qu'enferme un grand
    condut :
Une porte à demi rompuë
Sépare en deux un mur (g) que la terre a
    produit.
A peine a-t'on franchi cette porte admi-
    rable ,
Qu'on voit un Pont , mais des plus beaux :
Dédale (h) y travailla , ſi l'on en croit lafable ,

(g) Une haye vive.
(h) Architecte de l'antiquité , qui bâtit le fameux
Labyrinthe de Crete , dans lequel il fut enſuite em-
priſonné par Minos , Roy de l'Iſle , & dont-il s'envola
avec des aîles de cire.   Au.

Au sortir des prisons du farouche Minos.

Divine fille de mémoire ,

Décrivez - nous ce Pont , ce magnifique
Pont ,

Rendez-le plus fameux , s'il se peut, dans
l'Histoire ,

Que celui qu'un grand Roy (*i*) jetta sur
l'Hellespont.

Six aix cloués sur deux solives ,
Par tout du sable répandu ;
Voilà ce qui , sur les deux rives ,
Forme en peu le Pont prétendu.

A droite on voit un trou couvert d'une
fascine ,

A gauche un plus petit , plus traître (*k*) &
plus trompeur ,

Fait que , sur toute la machine ,
Le plus hardi Champion ne marche qu'avec
peur.

(*i*) Xerxès, Roy de Perse couvrit l'Hellespont de
vaisseaux.

(*k*) C'est le trou qui fit tomber le P. J.

Au

Au deſſous un foſſé large de ſix coudées,
Profond de cinq (ſi je puis bien juger)
Contient des eaux ſi fort conſolidées ,
Que jamais l'œil ne les a vûës bouger.

C'eſt au fond de cette eau verdâtre &
croupiſſante ,
(Comme on le dit en ces climats)
Que la Nation croaſſante
Tous les Jeudis (l) en pompe aſſemble ſes
États.

Depuis mille ans, ce Peuple au vieux fils
de Cybele
A grands cris demandoit un Roy ,
Qui pût par des Arrêts d'une forme nouvelle
Corriger les abus , & rétablir la loy.

Sa demande long-tems fut inutile & vaine ;
Mais un jour il cria ſi fort ,
Que Jupin en laiſſa tomber ſa coupe pleine,
Et que ſon aigle en prit l'eſſort.

Vertu-mort, s'écria le Dieu tout en colere,

____

(l) C'eſt ordinairement les Jeudis que les J. . .
ſont à la Campagne.

De

De quel front vient-on m'infulter ?
Moi, le Maître des Dieux, l'arbitre du
    tonnerre ;
    Et je pourrois y réfifter !

    Qu'on m'aporte au-plutôt ma foudre ;
Je veux exterminer ces importuns marauds ;
    Oüi, je veux les réduire en poudre ,
Vîte ici, Mulciber! fournis moi des carreaux.

    Eh, quoi ? Reprit Junon , quoi pour fi
    peu de chofe ,
Exterminer ainfi le peuple des Marais ?
Tour un peu de Nectar ? Voyez la belle
    caufe ;
Hébé ! verfe-nous en du meilleur , du plus
    frais.

    Que chacun (*m*) fuive ici l'exemple
    que je donne ;
    A votre fanté , cher Gogo ,
Sçachez qu'on n'eft heureux (*n*) que lorf-
    que l'on pardonne ,

(*m*) Ce vers eft tiré de la Tragédie de Maximien.
(*n*) C'eft une des fentences de Conftantin , qui ne
parle que par apophtegmes dans cette Tragédie.

Et

Et qu'on boit à tir-la-rigo.

A cette belle & pieuse Sentence
On vit trois fois tout l'Olympe aplaudir,
Comme on voit aujourd'hui sur la scene de
   France
A de pareils discours le peuple s'ébaudir.

A l'instant le Dieu rentre au-dedans de
   lui même ;
Et blâmant son courroux un peu précipité,
   Voici, dit-il, chere épouse que j'aime,
   Voici quelle est ma stable volonté.

Qu'à ma parole on préte une oreille at-
   tentive ;
   Ecoutez - moi, peuple importun,
Vous demandez un Roy, quoiqu'il vous en
   arrive,
Vous le voulez ; eh bien, je vous en pro-
   mets un.

Mais, gardez-vous, race maudite,
De le traiter ainsi que le Roy soliveau,
Je punirois ce crime autant qu'il le mérite,
J'en jure ; & vos Marais seroient votre
   tombeau.

Li

Il dit ; & fécoüant fa noire chévelure,
    Il fit trembler le firmament ;
    Il tonne , & toute la nature
Sentit que Jupiter avoit fait un ferment.

    Mais en attendant l'arrivée
Du nouveau Roy promis par le Maître des
        Dieux ,
    Achevons , Mufe , la corvée ,
Montrez-nous ce qui refte à voir dans ces
        beaux lieux.

    Ne différons pas davantage ,
    Guidez mes pas vers la Maifon ;
Je l'aperçois, ô Ciel! quel heureux avantage
D'entrer dans le féjour qu'habite la Raifon?

        Tu te trompes, c'eft-là qu'habite la Con-
        trainte ,
Et le froid Pédantifme, & la fauffe Dou-
        ceur ,
Tous ces noirs habitans ne refpirent qu'en
        crainte,
Chacun, Cenfeur d'autrui, trouve auffi fon
        Cenfeur.

A

A deux divinités propices
Ils font gloire d'offrir chaque jour des pré-
        sens ;
    Les vieux seuls font les sacrifices,
    Les jeunes préparent l'encens.

    Vois-tu l'Ambition avec sa tête altiere ?
Jusques sur l'Empirée elle fixe ses yeux,
    Dominant sur la terre entiere,
Elle voudroit encor dominer dans les Cieux.

    A ses côtés paroît la Politique habile
Au maintien décevant, au front toujours
        couvert,
Elle préte à sa sœur une main trop facile,
Et feint de la blâmer, pour agir de concert.

    Mais entrons, j'aperçois les deux sales
        ouvertes ;
Que de tables ! bons Dieux ! la belle quantité !
De mets les plus communs ces tables sont
        couvertes ;
Les mets communs, dit-on, sont bons pour
        la santé.

    Plus loin paroît une cuisine
                        Presqu'aussi

Presqu'auſſi blanche qu'un vieux four ;
C'eſt en ce bel endroit que Madame Lezine
A fixé pour jamais ſon bienheureux ſéjour.

    O la laide figure ! ô la vieille grand-mere !
Je n'y puis plus tenir , je vais la ſoufleter ;
    Sors d'ici , vilaine Mégere ;
    Non ; moi , j'y veux toujours reſter.

    Que vois - je , on ſe leve de table ,
L'un prend ſa canne , & l'autre ſon man-
    teau ,
Il n'en reſte plus qu'un , qui jette un verre
    en ſable ,
Et court comme un perdu rejoindre le trou-
    peau.

    Trois ſont déja partis où leur ardeur les
    porte ;
Il en reſte encor cinq , deux jeunes , & trois
    vieux ,
D'un pas grave & pédant ils marchent vers
    la porte ,
Ne ſçachant pas qu'un Roy ſe trouve au
    milieu d'eux.

                Aprenez-nous ,

Aprenez-nous , Mufe divine ,
Vous à qui l'avenir eft comme le préfent ,
Aprenez-nous celui que Jupiter deftine
A commander un jour au Peuple croaffant.

Il a les chevéux noirs , & les fourcils de
même ,
Le nez long , les yeux grands , un front de
majefté ;
Auffitôt qu'on le voit , on l'aime ,
Tout préche en lui la Royauté.
Ennemi de tout artifice ,
Excellent cœur , & bon ami ,
Il n'aime jamais par caprice ,
Il n'aime jamais à demi.
Ses difcours font remplis d'une noble élé-
gance ,
Il a du tour , de l'ordre , & beaucoup de
bon fens ,
Auffi depuis long-tems la divine Eloquence
L'a placé parmi fes enfans. (o)
Mais tandis que je veux vous le faire con-
noître ,

(o) Le P. J. faifoit le métier de Prédicateur.

II

Il eſt déja tombé dans ſes nouveaux Etats
    Selon l'ordre de notre maitre ,
    Les pieds en l'air , la tête en bas.

  Sa chûte répand l'épouvante
    Parmi le peuple des Marais ,
    Et cette nation tremblante
    Crut être perduë à jamais.

  Raſſurez-vous , peuple timide ,
Accourez , & venez ſaluer votre Roy ;
Son bras n'eſt pas armé d'un acier homicide ,
    Il vient en paix faire obſerver ſa loy.

  Ce n'eſt plus cette hydre terrible
    Qui croqua jadis vos ayeux ,
    C'eſt un homme doux & paiſible ,
    C'eſt un Roy conforme à vos vœux.

  Sa bouche n'eſt point meurtriere ,
Sous ſa langue jamais on ne trouva de fiel ,
    Il vous aporte un cœur de pere ,
    Un cœur confit dans le ſucre & le miel.

  Vous verrez ſous ſes loix la paix & l'a-
bondance
    Regner de nouveau parmi vous ;

Dv

Du serpent venimeux la brutale insolence
   Tombera sous ses coups.

 A ces mots j'aperçois la troupe épouvantée
Quitter ses trous bourbeux , & paroître au
    grand jour ;
    Déja sur la rive montée
    Elle vient lui faire sa cour.

  Autour de lui chacun s'attroupe ,
C'est à qui montrera le plus d'activité ;
    Mais un seul au nom de la troupe
    Fait serment de fidélité.

  Chacun se dit en son langage ,
Qu'il est aimable , qu'il est beau !
Il sera desormais notre unique partage ,
Il vaut mille fois mieux que le Roy *Soliveau*.

ÉPIGRAMME.

QUE pensez-vous de l'Auteur d'Uranie?
  Vous l'avez vû Poëte , Historien ,
Critique amer , hardi Pyrronien ,
Sur tous sujets exerçant son génie ;
Vous le voyez Anti-Cartesien ,

F   Ami

Ami du vuide, Anglois à toute outrance.
Est-ce tout ? Non. Grace à son inconstance;
Je le prédis, vous le verrez Chrétien.

LES DEUX RATS.

AU bon vieux tems, lorsque Berthe
    filoit,
Et que mainte Béte parloit,
Mieux que ne font nos Docteurs de Sor-
    bonne,
On dit que certaine Mitronne,
Un soir comme elle pétrissoit,
Se sentit vivement mordre par une puce,
Sur le bord d'un certain endroit
Par où l'Hermite Frere Luce
Fit croire que d'Agnès un Pape sortiroit.
Sur le champ la Mitronne adroite
Surprit cette puce indiscrete,
La pressant, le col lui tordit,
Puis après sa besogne faite,
Auprès de son Mitron elle se mit au lit.
Or quand la puce elle avoit dénichée,

La

La pâte de ſes doigts qui s'étoit attachée
Aux plumes de l'oiſeau que je ne nomme
    pas ,
Attira dans le lit deux Rats ,
Dont le nez fin l'avoit flairée ;
En tapinois venus pour en tâter ,
Ils commençoient à grignoter ,
Quand le Mitron ſentant ſa pâte bien levée ,
Se mit en devoir d'enfourner ;
Les Rats le voyant ſe tourner ,
L'un étourdi de peur , tremblant , tête baiſ-
    ſée ,
Dans le plus prochain trou bruſquement ſe
    jetta ,
Et l'autre auprès tapis reſta.
Le Mitron , beſogne achevée ,
Se recoucha ſur le côté ;
Les priſonniers en liberté
S'enfuirent au grenier à leur gîte ordinaire.
Les voilà ſe queſtionnant ,
L'un & l'autre ſe demandant
Comme ils s'étoient tirés d'affaire :
Moi , dit l'un , j'ai donné dedans le pot au
    noir ,

Je ne crois pas qu'on puiſſe avoir
Une plus riſible avanture ;
Je me ſuis fourré dans un trou
Où j'ai cru ma retraite ſure ,
Mais le maudit Mitron m'a bourré tout ſon
     ſaoul
Avec je ne ſçais quoi qu'il pouſſoit, à méſure
Que pour ſortir je voulois avancer ,
Il m'a coigné le nez , & m'a fait le tapage ,
Tant que laſſé du badinage ,
Ce gros & long je ne ſçais quoi ,
Prenant enfin congé de moi ,
M'a craché par mépris au milieu du viſage ,
Le vilain m'a preſque aveuglé.
Et moi , dit l'autre tout troublé ,
Dans l'encoignure d'une cuiſſe ,
Sans grouiller m'étant cantonné ,
Témoin impatient d'un ſi fort exercice ,
Pendant qu'il te coignoit le nez
Avec ſa cheville ouvriere
Qui te cauſoit tant de ſouci ,
Deux boules qui pendoient à ſon chien de
     derriere ,

Sans

Sans cesse allant , venant , coignoient mon
    nez aussi.

L'Y GREC *ou* LA FOURCHE.

MONSTRES ne sont si rares que l'on
    croit :
Certain homme vrai monstre étoit ,
Non de corps, de bras , de tête ,
Mais par l'endroit chéri du sexe féminin ,
Et qui sert à lui faire fête.
Double il étoit cet instrument malin ,
Fourchu, de plus fait de telle maniere ,
Qu'une branche passant dans la route ordi-
    naire ,
L'autre à l'instant prenoit l'autre chemin ,
Et sourdement enfiloit le voisin.
Mainte belle avec complaisance
Avoit senti la double expérience
D'un tel prodige , & gardoit le tacet
Sur le cas qui n'étoit pas net.
Or il advint que notre personnage
D'une Veuve dévote & sage ,

F 3   Fit

Fit emplette, & se maria.
A son devoir la premiere nuitée
La veuve instruite se rangea ;
Mais aussi-tôt se sentant persorée
En certain lieu d'où le pauvre défunt
N'avoit jamais tiré son alumelle,
Traitant d'abomination
Cette double intromission,
Jura que desormais la perfide entreprise
N'auroit succès qu'après décision
Exprès donnée en consultation
De notre Mere Sainte Eglise.
Aussi-tôt Docteurs consultés,
Docteurs herminés & froqués,
Mais toute la Gent Sorbonique
Devint muette & sans réplique ;
Et les illustres ignorans
Renvoyerent l'affaire au Pere des Croïans.
Au Pape donc l'affaire fut portée,
Puis au Consistoire traitée ;
On étala grande érudition,
On foüilla dans l'histoire & profane & sacrée;
Camuse cependant sur la solution

Fut

Fut la sacré-sainte Assemblée :
Plus vivement encore on consulta Sanchès,
Escobard, Tambourin, Lenès.
Ces pieux & sçavans Dépôts
N'offrirent à leur ouverture
Que sotises hors de propos ;
Rien de certain sur l'avanture ,
Leur embarras détermina l'affaire
En faveur du monstre Mari ,
Et la Réponse du Saint Pere
Fut , *Gaudeant bene nati.*

ÉNIGME.

JE suis une plaisante chose ,
  Qui peut avoir environ
Six à sept pouces de long ;
Je ne sers point quand on repose ,
Quand je pens je suis hors d'emploi ;
Dès qu'on veut se servir de moi ,
Alors une main féminine
Me prend , me secouë & badine ;
Puis après le jeu me conduit ,

F 4   Ainsi

Ainſi que mon fidelle guide,
Dans une fente fort humide,
Comme en mon naturel réduit ;
Là, j'entre autant que l'on me pouſſe :
Après mainte & mainte ſecouſſe,
Si l'on me retire déhors,
Je ſuis tout mouillé quand je ſors.
C'eſt par ce plaiſant exercice
Qu'au genre humain je rends ſervice ;
Mais ſi par malheur rebuté,
Ou trop vainement excité,
On ne peut me mettre en uſage ;
C'eſt alors grand bruit au ménage.

    Oh ! vous tous qui liſez ceci,
Le détail de mon ſçavoir faire,
Si vous me devinez, vous pouvez ſans miſtere
Me nommer, car de moi vous vous êtes
    ſervi.

ÉPIGRAMME

ÉPIGRAMME.

Sur le C. de S. F...

JE suis un animal d'équivoque nature,
Comédien, escroc, dévot, plein de fer-
    veur;
  J'éleve un temple au Créateur,
  En filoutant la Créature.

ÉPITAPHE

Pour Jean César Rousseau de la Parisiere E... de N... décédé le 15. Novembre 1736.

ICI gît un Prélat d'emprunteuse mé-
    moire,
Qui toujours prit, & jamais ne rendit;
  Seigneur ! s'il est dans votre gloire,
  Il n'y peut être qu'à crédit.

 LETTRE

LETTRE de la Baronne de Roupillac à Madame des Etoiles, au sujet d'une Brochure intitulée : L'Ennui d'un Quart-d'Heure de feu M. l'Abbé... aujourd'hui M. de la Mare tout court.

QUE de graces, Mademoiselle, j'ai à vous rendre! De quel service ne vous suis-je pas redevable! Oüi, ma reconnoissance sera toujours au-dessus du bien-fait, je ne le sens que trop ; mais du moins j'ai la consolation de vous devoir presque la vie. Car peut-on vivre sans dormir ? Et avant le bien-heureux paquet d'écrits modernes que vous m'avez fait tenir , je ne dormois pas plus qu'un vrai lutin. En ouvrant votre Lettre , j'ai trouvé une liste de sujets récréatifs : elle débute par *l'ennui d'un quart-d'heure* ? & voilà justement mon Esculape. Assurément votre amitié toujours tendre & prévenante a deviné qu'une cruelle insomnie me tourmentoit depuis bon nombre de jours,

&

& une guérison aussi prompte d'une migraine violente ne pouvoit m'être procurée plus à propos par la personne du monde la plus précieuse à ma tendresse.

Que veut dire ce prélude embroüillé, direz-vous peut-être, Mademoiselle? *je ne comprends rien à ces propos ridicules :* patience, voici le débroüillement du cahos.

Je lis ordinairement avant de me livrer aux douceurs du sommeil, qui me fuit bien souvent, & qui me vend bien cher ses douceurs ; car j'ai soixante ans passés. Ah ! qu'à votre âge, jeune & belle souchette, il étoit d'instans où Morphée me prodiguoit ses faveurs, après avoir goûté des plaisirs dont les Dieux auroient même été jaloux. Ma jeunesse éclipsée ne me laisse que le regret de ne pouvoir rajeunir, & n'a point diminué la passion que j'ai toujours eû pour les amusemens d'une vie aimable. Les vieilles redisent toujours ; je reviens.

Le soir donc je me trouve dans des

F 6   ouvrages

ouvrages ingénieux (pas si souvent que je le souhaitterois) la matiére a des songes agréables , dont la douce imposture charme le tems délicieux de la nuit. Renduë , suivant ma coutume , à mes livres , le jour même de votre envoi reçu , je saisis avec empressement *l'ennui d'un quart-d'heure* ; je me mets en situation commode pour repaître moins mes yeux que mon esprit & mon cœur , des nouveautés contenuës dans la brochure que j'ai à la main ; je tousse , je crache , je récueille toute mon attention , j'ouvre & je lis , je continuë , j'acheve.... Mais ô vertu divine répanduë dans cette merveilleuse feüille! j'ai brillé , & le sommeil m'a surpris sans être invoqué. Depuis dix ans fortune pareille ne m'étoit arrivée.

Je le soutiens , Apollon a inspiré le pere de ces poësies , & il a prouvé par ces rimes ennuyeuses , qu'il étoit autant le Dieu de la médecine que de l'harmonie. Tout l'opium & la thériaque de la docte Faculté des Pharmacopoles n'auroient n'auroient pas opéré aussi surement que *l'ennui d'un quart-d'heure*, dont le titre aussi modeste que l'Auteur, ne me dispense pas de lui dire qu'il m'a fourni de *l'ennui* pour plus d'un siécle ; si je pouvois vivre autant, je consentirois à partager ce soporatif avec nos neveux les plus reculés. Car ne trouve-t'on pas dans le monde les *ennuis* immortels, & la joye trop courte ?

Ce *la peste me tue*, que l'Observateur du Parnasse a relevé judicieusement, est une expression du bel air, n'est-il pas vrai, Mademoiselle ? M. de la Mare fréquente les cercles où regnent la galanterie & les petits Maîtres d'une espéce transcendante.

Vous me mandez, Mademoiselle, que l'Auteur publie avec complaisance les éloges qu'il prétend lui être dûs ; j'y souscris, & ne le regarde point du tout comme un Habitant de la Garonne, quoiqu'il en ait le mérite & la vivacité, je dirai avec vous que...

Ennemi

Ennemi du mensonge & de la jalousie ,
On ne le vit jamais blesser la verité ;
Organe de la modestie ,
Son Apollon est la sincérité ;
Pour lui Pégase oublia sa fierté ,
Clio devint plus sage , & moins coquette ;
Melpomene à sa sœur cadette
Fit part de ses talens & de sa gravité ;
Thalie à son tour plus sévere ,
Lui donna ces attraits , ce vif , cet enjouement ,
Ces yeux fripons qui sçavent plaire ,
Et regner à leur gré sur le cœur d'un amant.
La Mare sçut vaincre les plus cruelles ,
Et les neuf sœurs , ces divines pucelles ,
A la virginité préférerent l'amour :
Nouvel Endimion , de ces tendres Déesses ,
Il reçut maints baisers , faveurs , bombons , ca-
    resses.
Apollon obligé de lui faire la cour ,
Quitta les rives du Permesse ,
La Mare pour jamais , sans espoir de retour ,
Fut le Dieu qu'encensa Cypris & la molesse.

La

La fortune, Mademoiselle, rougit des fautes du deſtin ; eſt-elle proſpére ? L'on oublie les loix de la nature, & l'on déroge aux dégrés du ſang les plus proches Le Poëte des *ennuis* en eſt une preuve vivante. Je vois que ce petit ingrat, en grimpant à la double cime, a changé ſon véritable nom : je l'ai connu a Paris ; on l'apelloit M. l'Abbé *Croque - chenille*, & M. *d'Hoſier* lui-même n'auroit pas été plus heureux dans la découverte d'aucune généalogie.

Je vous envoye un extrait autenti-que d'un parchemin que je poſſede. Il eſt unique ; M. *Croque - chenille* m'a ſollicité plus d'une fois de m'en défaire en ſa faveur pour être fondé en raiſon en cas de ſucceſſions à recueillir. Je conçois que le dépit & la gloire l'on dé-goûté de ſa vraye naiſſance. Je lui par-donnerai cette boutade, s'il veut paſſer le reſte de l'Automne à ma campagne, & je lui rendrai l'original timbré, dont je fais pour vous une copie, en atten-dant le plaiſir de le voir.

ADMIRABLE & incomparable Transition de l'Abbé de la Mare en Escargot, & ce qui advint d'i-celle.

Oyez, grands & petits,
Ce dont vous serez ébahis.
Entre le Franc & l'illustre Voltaire,
Cruels débats survinrent l'autre jour ;
L'un vouloit, à son ordinaire,
Nous ennuyer d'un fade amour ;
L'autre plus docte & moins ignare,
Soutenoit que l'amour énervoit les esprits,
Et qu'il ne vouloit point d'éloges à ce prix.
Le Franc s'irrite, en apelle à la Mare :
Or qu'avint-il ? Notre nouveau Midas
Se leve & bientôt vous décide,
En faveur de la Zoraïde.
Voltaire pour cela les armes ne mit bas ;
Il vole au Temple de Mémoire,
A Melpomene explique net le cas.
Phébus instruit de cette histoire,
Résolut de punir notre Juge ignorant.

Par

Par subite métamorphose
La Mare, hélas ! Comment dire la chose ?
D'homme devint un insecte rampant ;
Le nouvel Escargot court sans retardement
Dépeupler parterres, charmilles
De papillons & de chenilles.
Pour récompenser son ardeur,
On le nomma Croque-chenille ;
Et sur le Pinde avec honneur
Des Escargots il orna la famille.

Une preuve nouvelle de cette origine, Mlle, que j'ajoute par surcroît d'évidence, est que je ne vois pas pourquoi ce petit ingrat a changé de dénomination. Il a beau se déguiser, on connoîtra toujours M. *Croque-chenille* à une bosse qui lui est restée au front. C'est un accident qui lui est arrivé le jour d'un grand vent qui le jetta à terre dans le potager du Parnasse. La nature qui lui a donné autant d'esprit qu'à Esope, a chargé l'art de suppléer à son défaut. L'art moins habile que la nature, n'a pû lui donner double bosse, mais il a

fait

fait une éminence sur le front de notre Poëte, qui bien loin de changer un ancien nom, auroit dû en prendre un nouveau le jour de cette avanture, qui, suivant quelques malins trop véridiques, a une origine du cinquiéme étage.

Cette addition devroit les tenter, Mademoiselle, sur tout quand on est friand de gloire, & qu'on cherche à briller par les *ennuis.* Scipion n'a-t'il pas été surnommé *l'Africain*, Fabius *le Temporiseur* ? & une foule de Conquérans, que je pourrois citer, n'ont-ils pas brigué des noms qui passassent à l'immortalité.

Je propose à M. *Croque-chenille* le surnom de *Dufront* : je me regarderois bienheureuse, s'il vouloit adopter un intrus qui demande un quartier dans l'écusson de sa gloire. Bon soir, mes belles amours, je les aime trop, pour ne pas suprimer les façons, je vous embrasse cent mille fois pour une, votre, &c.

DE ROUPILLAC,

A Fresne ce 19. *Oct.* 1736.

LETTRE *Paſtorale du Réverendiſſime* PANCRACE PELLEGRIN, *Patriarche de l'Opéra : A tous les Fidéles de ſon Diocéſe, Salut, &c.*

P ANCRACE, Prêtre, *& cætera*,
   Patriarche de l'Opéra,
Rélevant en plein de Cithere :
A nos Ouailles les Acteurs,
Actrices, Danſeuſes, Danſeurs,
Salut, Indulgence pléniere.
Très-chers freres, très-cheres ſœurs,
Un grand ſcandale vient de naître
Dans le Temple des Voluptés ;
On attente à nos libertés,
Un Apellant, que dis-je ? Un traître,
Puis-je autrement le qualifier,
Cet Evêque de Montpellier, (*)
Qui rit des ſaints foudres de Rome,
Qui vit, & prétend mourir comme
Un Auguſtin, un Cyprien ;

(*) Feu M. de Colbert.

Et

Et quoique Prélat ne doit rien :
Quoi ! parce qu'il sort d'un grand homme,
De Colbert, Ministre immortel,
A qui l'Etat doit un Autel,
Pour les beaux Arts dont-il fut pere,
Ce Mécréant, ce Réfractaire,
Cet Evêque de Montpellier,
Ose dans sa fureur brutale,
Sans respect excommunier
Sœur Petitpas, digne Vestale :
Donc parce que Seigneur Bonnier
Aux yeux d'une troupe animale,
Couche avec elle sans scandale,
Comme Arbricelle fit jadis,
Il faut crier, allez, maudits :
Est-ce donc un Marquis de balle,
Que Monseigneur de la Mosson ?
Je veux aprendre la leçon
A ce petit porteur de mitre,
Et lui demander à quel titre
Il s'insinuë en mon bercail ;
Qu'il aprenne par cette Epitre,
Que seul en suis Pasteur arbitre.

En

En quelque lieu que le bétail
Soit traduit & mis au travail,
En vertu d'un Bref de Cithere,
Signé par l'Amour & sa Mere,
Et scellé du sceau du Serail ;
Vit-on Monseigneur Vintimille,
Prélat sçachant vivre tranquille,
Faire le moindre carillon ,
Quand l'an Mil sept cens deux fois seize,
Au Magasin de S. Nicaise ,
En plein midi sans cotillon ,
Sans robe, même sans chemise,
Sœur Camargo , sœur Pelissier ,
Firent danser leur noir fessier
Aux yeux de la Ville surprise ;
Vit-on ce bon Prélat crier ,
Malheur à qui nous scandalise ?
Mais l'Evèque de Montpellier
Pour un rien anathématise.
Sçait-il , si Monseigneur n'est pas
Mari de la Sœur Petitpas?
Qu'il le demande au vieux *Destouches* ,
Qui pour les mettre chaque soir

Dans

Dedans la nuptiale couche,

Fit l'office d'Eunuque noir.

Ils font époux, je le protefte;

Car c'est moi qui les ai conjoints,

Et l'extrait en eft manifefte,

Arlequin & Tribou témoins.

Au commencement de leurs flammes

Rodillardus de Paradis ¶

Miaula leur Epithalame,

En galant fêta telle Dame;

Et le Jettonnier de Genlis, (*)

Autre Automate Académique,

Au dîner pour quatre Loüis,

Vint lire fon panégyrique,

Ainfi que fouloit l'Embrion;

Si je n'ai pas, dans mon Mercure

Vifé par Martin *Hardion*,

Enrégiftré cette union,

Qu'on n'en tire mauvais augure;

Le Marquis tient fes nœuds fecrets,

Par la peur que les Cadenets (**)

N'aillent dans leur humeur revêche,

¶ De Moncrif (*) L'Abbé Seguy.

(**) M. de Luynes étoient trois freres.

Lâcher

Lâcher fur lui leur Pigriéche.
Très-chers freres, très-cheres fœurs,
Quand donc quelque Prélat févere,
Troublera la paix de vos cœurs,
Riez de fa morale auftere ;
Vous avez le *Committimus*,
Appellez-en, comme d'abus,
Au grand Pontife de Cithere.
Donné dans notre cul-de-fac,
L'an que le mâtin *Desfontaine*,
Pour avoir lancé le Micmac
D'un des Chefs de la Quarantaine,
Courut long-tems la prétentaine
La nuit comme un vrai loup-garou,
Pour faire enteriner fa grace,
Le jour tapi comme un hibou ;
Sous notre fcel, figné *Pancrace*,
Plus bas, *la Roque* Délateur
Du pauvre *Ribou* le Libraire,
Du Mercure poftiche Auteur,
Imbécile & très-digne frere
Du grand *la Roque* l'Antiquaire.

On a vû & fçû le détail de cette avanture. Le fieur Bonnier vivoit publiquement avec fa Catin fous les yeux de l'Evêque qui les excommunia tous deux. Ils s'enfuirent de Montpellier, & allerent promenant leur fcandale de terre en terre.

LA BOUGIE
DE NOËL.

A Pise Ville d'Italie,
Habitoit un certain Joseph d'Alcantaris,
Jaloux de sa moitié jusqu'à la frénésie,
Le fait, n'est étonnant, Italiens maris,
Sont sujets, comme on sçait, à visions cor-
     nuës.
     Celui-ci galant autre fois
     Sçavoit sur le bout de ses doigts,
Les Rubriques d'amour, même les moins
     connuës.
     Pour mettre donc en sureté
Son honneur, ou plûtôt celui de son Épouse,
     Ceintures de Virginité
Vinrent s'offrir d'abord à son ame jalouse ;
Mais c'étoit peu pour lui, les plus forts ca-
     denats,
Pour garder ce Trésor, font en vain résis-
     tance ,

                              Le

Le drôle le sçavoit , & par expérience ,
Voici donc ce qu'il fit pour éviter le cas.
    Il joignit à cette ceinture ,
Vers l'endroit dangereux deux lames de ra-
    soir ,
    Deux ressorts les faisoient mouvoir ,
Qui dès qu'on les lâchoit refermoient l'ou
    verture.
La femme à peine eut reçû ce présent ,
Qu'un billet de sa part en avertit l'Amant :
L'Amant arrive, il court dans les bras de sa
    Belle ,
Par des baisers on prélude un moment ,
Mais las de ces faveurs qui croissent son tour-
    ment ,
    Il en cherche une plus réelle.
Il découvre à son gré la porte des plaisirs ;
Et l'obstacle ne fait qu'irriter ses désirs.
Le serpent qui tenta notre commune Mere ,
Se reveille d'abord à ces objets charmans ,
Et leur fait inventer, dans ces heureux mo-
    mens ,
    Les moyens de se satisfaire.

G

Des

Des deux ressorts , la Belle en tenoit un ,
L'Amant retenoit l'autre , & dans cette
    avanture ,
Le serpent sans trembler saisit la conjoncture,
Et se plonge à l'instant avec vivacité ,
    Dans le sein de la volupté :
A cette douce aproche , on s'emporte , on
    s'oublie ,
    On est prêt à perdre la vie ,
    On ne pense plus , mais on sent ;
    Et dans cet effort si puissant
Le serpent se trouva la funeste victime
Des rasoirs échapés , & cet endroit si beau,
Trône de ses plaisirs, en devient le tombeau.
Au cri de l'homme accourt la Soubrette
    tremblante ,
Elle emmene l'Amant , tandis que son a-
    mante ,
Ignorant du serpent les cruels déplaisirs ,
Joüit confusement de ses derniers soupirs.
    Il fallut tirer le serpent ,
    Et l'embarras étoit comment.
Un tireboure en fit heureusement l'affaire :
              L'animal

L'animal encor furieux,
Ne sortit qu'avec peine écumant de colere,
Quoiqu'il eut les larmes aux yeux,
Sur le lieu de sa sepulture
Il fut question d'opiner ;
La Dame paroissoit incline à le garder,
La servante disoit que ce seroit folie,
Et que besoin n'étoit de l'embaumer,
Tels animaux étant communs en Italie,
Par la fenêtre enfin elle le fit passer.
Une vieille dévote, en allant à l'Eglise,
Car c'étoit, m'a-t'on dit, Noël le lende-
main,
Trebuche & laisse échaper de sa main,
La lanterne qu'elle avoit prise.
La nuit étoit obscure, autour elle tatonne:
Sa main tombe sur le serpent,
Pour sa chandelle elle le prend,
Le met dans sa Lanterne, ainsi Dieu n'a-
bandonne
Ses serviteurs, dit-elle, & sçait les secourir.
Elle arrive à l'Eglise, elle dit les premiéres,
Ce que par cœur elle sçait de prieres,

 Mais

Mais bientôt à son Livre il lui faut recourir;
Elle met sa chandelle ès mains de sa voisine,
Jusqu'en celle du Clerc elle parvient enfin ,
Il soufle sur la méche , il se tourmente en
    vain ,
    Pour l'allumer , tant plus il l'examine ,
    Plus ce qu'il tient lui paroît surprenant ;
    Mais à la fin comprenant le Mistere ,
A d'autres , cria-t'il d'un ton plein de cour-
    roux ,
Cette chandelle est faite à s'allumer chez
    vous ,
Mesdames , que chacun fasse son ministere.

L'ANTI-MONDAIN.
Par PIRON.

O Jours heureux! qui purs & sans nuages
    Avez du monde éclairé le berceau ,
Dont vainement un odieux pinceau
Vient à nos yeux défigurer l'image :
Jours fortunés , quoiqu'en publie encor
Un maître fou dans sa verve indiscrette ,

Age

Age à bon droit apellé siécle d'or.
O bon vieux tems ! c'est moi qui vous re-
  grette ;
Mais , ô regrets en effet superflus ;
A notre Dam helas ! vous n'êtes plus !
Tranquille au sein d'une heureuse abon-
  dance ,
Exempt de peine , affranchi de tous soins ,
L'homme vivoit , la sage providence
Pour son bonheur lui cachoit ses besoins.
Il étoit libre , & la seule nature
Dictoit ses loix , regissoit ses devoirs ;
La trahison , le meurtre , l'imposture ,
Les attentats , les forfaits les plus noirs ,
Sous des climats où regnoit la droiture ,
De son cœur simple ignorés & bannis ,
N'avoient alors besoin d'être punis ;
Nul préjugé n'asservissoit son ame ,
Heureux de vivre ainsi qu'il étoit né ;
Ni bien , ni mal , gloire, honte, ni blâme,
N'étoient connus de son esprit borné.
O douce erreur ! favorable ignorance !
Fille du Ciel , mere de l'assurance ,

G 3 Point

Point de remords qui génât ses desirs,
Né pour joüir , fait pour le bien suprême,
Il le trouvoit dans un autre lui-même ;
Rien ne troubloit leurs innocens plaisirs:
Eh quels plaisirs ! A leur douceur extréme
Le monde entier doit ses accroissemens !
Tendres états ! divins embrassemens !
Frequens sur tout , plus qu'au siécle où
     nous sommes ,
Et c'est raison , car le destin des hommes
En dépendoit dans ses commencemens :
Plaisirs exemts de tous les vains fantómes ,
Dont un bisare & chimérique honneur
Séduit des cœurs susceptibles d'allarmes :
Ce fier tyran d'un sexe plein de charmes ,
Ne mettoit point d'obstacle à son bonheur ;
Un esprit simple , une aimable innocence ,
Un cœur naïf , de candeur revêtu ,
Neuf encore même aprés la joüissance ,
Tenoient alors lieu de toute vertu.
De nos Ayeux , sous le regne d'Astrée ,
Telle étoit donc la race bienheurée ,
D'un siécle à l'autre & vigoureux & sain ,
L'homme

L'homme vivoit ; alors un Médecin,
Coupable engeance en ce tems ignorée ,
De ses beaux ans n'abrégeoit la durée.
Or maintenant notre ami du bel air ,
Qui vous mocquez impunément du monde,
Vantez-nous bien votre siécle de fer ;
Vantez sur-tout votre cœur très-immonde ;
Osez fronder l'illustre Fénelon ,
Déprisez-nous les accords de sa Lire ;
Ce beau Roman, le seul utile à lire ,
Vous toutesfois , vous , ce rare Apollon ,
Dont les écrits ne vont point au talon
De ce Prélat, vous dont le chaud délire ,
Pis qu'une siévre en ses accès pressans,
Vous fait choquer la raison , le bon sens ,
Vous, dis-je encor, qui placez dans un Tem-
    ple
D'un bout à l'autre, ouvrage original ,
Fille de joye auprès d'un Cardinal ;
Vous, dis-je enfin, qui pour dernier exem-
    ple ,
Venez de faire assemblage nouveau ,
Et , comme on dit , une galimafrée

G 4   D'Eve ,

D'Eve, d'Adam, de Saturne & de Rhée.
Affortimens dignes d'un tel cerveau,
Plaçant le bien de la nature humaine
Dans un bouchon qui frape au foliveau,
Ou bien à voir une tête de veau,
Qui mollement dans un char fe promene ;
Or maintenant le fejour enchanté,
Ce paradis terreftre fi vanté,
Cher Calotin de la premiere claffe,
De bonne foi convenez entre nous,
Que pour fçavoir où peut être fa place,
On auroit tort de s'adreffer à vous.

L'HABIT NE FAIT PAS LE MOINE.

Conte par le même.

MUSE de grace, au fait, & point
d'exorde.
Dés Écumeurs, gens fans miféricorde,
Firent defcente, à je ne fçai quel port,
Et tout de fuite y defcendit la mort ;

L'affreux

L'affreux dégât , le viol , l'équivoque ,
Qu'Agnés redoute , & dont Barbe se moc-
    que ;
L'ardente soif du sang & du butin ;
Tant d'autres maux , le sacrilége enfin ,
Péché mignon , d'aisance scélérate.
Ce dernier-ci conduisit les Pirates
Dans un Couvent de Peres Cordeliers ;
Châsse , encensoir , croix , soleil , chan-
    delliers ,
Vases sacrés , tout fut de bonne prise ,
Burettes , draps , le cellier & l'Eglise ,
Tout fut pillé ; voyez que les Vauriens
En qui peut-être eut agi le scrupule ,
S'ils n'avoient pas dans plus d'une celulle
Trouvé de quoi se dire ; eh , ventrebleu ,
N'en ayons point , puisqu'ils en ont si peu.
Tout bien cherché , de gentilles com-
    meres ,
Gagnent la Nef , pour avec les Corsaires
Gayement passer leurs jours dorénavant ,
Eux à ramer , elles comme au Couvent.
Pere Guichard , bilieuse pecore . . . .

G 5

Prêche & fulmine en pieux . . . .

Pere Guichard eſt traité d'étourneau ,

Et pour réponſe on le jette dans l'eau.

D'autres encor de prêcher ont la rage ;

Ils prêchoient donc , mais ſur un ton plus

    ſage ,

Quand le plus fier de tous les ouragans ,

Mieux qu'un Sermon convertit nos brigans :

Les voilà tous devenus des Panurges ,

Se fiant moins à Dieu qu'au Taumaturge ,

Et promettant chandelle à tous les Saints

Du Paradis & lieux circonvoiſins :

L'équipage eſt au pied de la chiourme ,

On crie , on pleure , & ſanglots on regour-

    me ;

Meâ culpâ , mon pere , mon mignon ,

Ce n'eſt pas moi , c'étoit mon compagnon ;

Moine de dire en faiſant griſe mine ,

Punition & vengeance divine ;

Le bon Larron contrit comme à la croix ,

De ſe voüer à Monſieur ſaint François ,

S'il en échape ; à l'inſtant le tems change ,

Vous auriez dit que ſur l'aîle d'un Ange

Le

Le Séraphique avoit dit , *quos ego* ,
Le Ciel reprend l'azur & l'indigo ;
L'eau reverdit , & sa claire surface
S'aplanissant redevient une glace :
Tout rentre enfin dans son premier état:
Tout y compris , le cœur du scélérat ;
Il rit du vœu formé pendant l'orage ,
Le Capitaine absout tout l'équipage ,
Réunissant tout le pouvoir en soi ,
Et sur son bord étant Pontife & Roy.
Búvons , chantons , rions , dit le Corsaire ,
Frapons , f. . . . & vogue la galere.
Les penaillons disoient , vous avez tort ,
On fait la figue ainsi plus près du port ,
De Pharaon tel étoit le vestige ,
Moyse aussi coup sur coup le sustige ;
Le chef répond qu'on ait tort ou raison ,
Ramez , Faquins , belle comparaison ,
De soüet , à soüet , la verge de Moyse ,
Et le Cordon de S. François d'Assisé.
Trois jours avoient coulé sans accidens ;
Le quatriéme ainsi qu'entre leurs dents
Les gris-vétus prioient leur Patriarche

G 6   De

De se venger en purifiant l'Arche ;
L'un des Frocards s'écrie , ah ! le voilà ,
Qui ? saint François. Où ? Sur l'eau , là bas,
    là ,
Tenez , voyez , vis-à-vis de la poupe ,
Sur le tillac ; aussitôt l'on s'atroupe :
Oüi, c'est , dit-on, vrayement un Cordelier,
C'en est bien un , le fait est singulier.
En pleine mer un homme, & n'en déplaise,
Qui paroît même être là fort à l'aise ;
C'est , s'écrioit un Moinillon servant ,
C'est ce grand Saint qu'à la merci du vent,
Dans le péril , ingrats , vous reclamâtes ;
Mon œil d'ici distingue les stigmates ,
Je vois , je vois l'Ange exterminateur ,
Les bras levés sur le profanateur ;
Tremblez , méchans. Le frocail en tumulte,
Passoit déja de l'espoir à l'insulte.
La soldatesque incertaine & tout bas ,
Se demandoit , l'est-ce, ou ne l'est-ce pas ?
La nuit laissa leur ame en grande transe
Et du soleil attendit le retour.
Il reparoît , l'on revoit tout le jour

Le

Le même objet à pareille distance ;
Lors , les relaps enclins à pénitence ,
C'est saint François , qui pourroit - ce être
    donc ?
Voilà des gens pénauts , s'il en fut onc.
Le Commandant dont la visiere est nette ,
Pour le plus sûr mit l'œil à la lunette ,
Et dit , ma foi , vous ne vous trompez point:
Je vois capuche & froc , c'est de tout point
Un Cordelier , pomptement à la nage ,
Voulant venir peut-être à l'abordage !
Il faut l'attendre , hola , ho ! le Grapin ;
Chacun se ligue au cri du turlupin ;
D'horreur le poil en dresse à tout son monde ;
L'objet s'enfonce , & disparoît sous l'onde:
A l'instant souffle un vent des plus gaillard ,
Et fut-ce un coup du Ciel ou du hasard ,
Vous en allez sçavoir le pour & contre ;
Tout au plus près le nageur se remontre ,
Le Grapin tombe , accroche & tire ; eh ,
    qui ?
Étoit-ce bien un Cordelier ? Nenni.

Là ,

Là, de par Dieu , fa mere & S. Antoine ,
Jamais l'habit ne fit fi peu le Moine ;
C'étoit au vrai l'habit d'un Francifcain ,
Mais fous lequel ne giffoit qu'un Requin ,
Poiffon goulu , vorace , antropophage ,
Poiffon hideux , poiffon pour tout potage ,
Mais un poiffon froqué ; par quel hafard ?
Vous avez vû nager Pere Guichard ;
Figurez-vous le Requin qui le gobe ,
Non pas avec , mais pardeffous fa robe ;
Des pieds au col tantôt il fut grugé ,
Et de ce tronc la tête prit congé ;
Le froc alors préfentant l'ouverture ,
Avoit d'un monftre embeguiné la hure ,
Et de ce jour quêteux , humble & gour-
    mand ,
Frere Requin fuivoit le Bâtiment.

Conte par le même.

UN pauvre haire , enfant de l'Hélicon,
Giffoit mourant à peu-près fur la paille ;
Et pour payer caffe & catholicon ,

Dans

Dans son coffret n'avoit denier ni maille ;
Un gros Banquier regorgeant de mitraille,
En même tems étoit malade aussi ;
Guérissez-moi, s'écrioit celui-ci,
Voilà de l'or ; chers enfans d'Esculape ;
S'écrioit l'autre, en cas que j'en réchape,
Je vous destine au Pinde un beau loyer.
La Faculté vers ce lieu ne galope,
En autre part elle aime à giboyer.
Si que bientôt du Vernage à Procope,
Ce dit l'histoire, & d'Astruc à Boyer,
Depuis le Cedre enfin jusqu'à l'Hisope,
Auprès de lui notre veau d'or eut tout.
Au pauvre diable il resta la nature.
Conclusion : le pauvret est débout,
Et le richard est dans la sépulture.

Excuse de M. Pyron à Procope sur les Vers précédens.

P Arfumé de l'encens du Pinde,
   Au sommet duquel on te guinde ;
Procope, ne rougis tu pas,
De revendiquer l'aromate,   Dont

Dont notre fotife ici-bas
Sumuffige un fils d'Hipocrate ?
    Mais quelque jufte que puiffe être
Le chagrin que tu fais paroître,
Ne m'en veux pourtant point de mal ;
Chaffe mon tort de ta mémoire ;
A Sylva je te crois égal,
Si de l'égaler tu fais gloire.

    Dans fon audace illégitime,
Un autre diroit que la rime
L'auroit induit à ce faux pas,
Qu'elle en fait faire au plus habile ;
Que Boileau même en pareil cas
Bronche entre Quinault & Virgile.

    Mais la rime eft-elle une excufe
Que doive alléguer une mufe
Pour qui l'honneur a des apas ?
Non. Fut-elle encore plus ftérile,
Cent Richelets ne valent pas
La civilité puérile.

    Je n'ai voulu, je te déclare,
Marquer le fçavant ni l'ignare.
Eh, qu'importe ? Ignare ou fçavant,

A

A qui se rit de l'art funeste ,
Où le plus versé très souvent
Est le plus semblable à la peste.

Des trois Filandieres sinistres
Je voulois nommer les Ministres ,
Sans toucher au point décisif ,
Et seulement dans l'Apologue
Citer d'entreux le plus oisif ,
Pour l'oposer au plus en vogue.

Oh ! je te sçais l'ami des belles ,
Le favori des neuf pucelles ,
Le charme de tes Auditeurs ,
Un Catulle, un Alcibiade ;
Je te sçais mille admirateurs ,
Et ne te sçais pas un malade.

L'honneur du Pinde & de Cithere ,
J'ai crû que tu ne songeois guére
A l'emploi de docte assassin ;
Que tu te piquois peu de l'être.
Enfin je t'ai cru Médecin ,
Comme plus d'un Evêque est Prêtre.

Voilà l'esprit de l'antithese ;
Et pour peu qu'elle te déplaise ,

Publie

Publie à tous mon repentir ;
Je publierai mon témoignage,
Et ne craindrai plus de mentir,
En te comparant à Vernage.

  Même outre la Palinodie,
En cas de grande maladie
Dont on ne sçauroit qu'augurer ;
Le coupable avec diligence
T'apellera pour assurer
Ou son salut ou sa vengeance.

La réconciliation de Rousseau avec ses Ennemis.

OUi pour mourir dans ma patrie,
  Je chante la palinodie :
Vous à qui j'ai porté les traits les plus san-
  glans
Pour des écrits trop vrais, mais pourtant
  ressemblans,
Avec vous désormais je me réconcilie ;
  Venez, Chrisologue (a) & Midas, (b)
Venez, grands Officiers & goujats du Par-
  nasse,

(a) L'Abbé Bignon. (b) Le Maréchal de Noailles.

Aprochez que je vous embraſſe;

Mais j'oubliois le Poëte Autereau,

Lui dont la miſere & la craſſe,

Sans le ſecours de ſon pinceau,

D'un gueux au naturel font un parfait tableau.

Pardon, ami, je croyois ta carcaſſe

Depuis long-tems giſſante au monument;

Ou pour parler plus poëtiquement,

Je te croyois reclus dans le ſombre Tartare

Avec le feu petit Abbé de Pont,

Maitre la Faye, & le glacé Pindare. *(c)*

Oh! *(d)* Créateur du monde, Dieu vous
gard,

Je ſuis charmé de vous revoir ici,

Ma foi je vous croyois auſſi

Bien & dûement cloüé, reſpirant à Cla-
mard.

Quel eſt donc ce Fumeur *(e)* qui s'offre à
mes regards

Il paroît à ſes yeux hagards,

(c) La Mothe.
(d) Fontenelle.
(e) Crebillon.

Ne refpirer que le meurtre & l'incefte ;
Vraiment je le remets, c'est l'Auteur de
 Thiefte,
 Qui vous promet Catilina ,
 Et qui long-tems le promettra.
Viens, frere en Apollon , viens à l'eftami-
 nette ,
Nous fumerons & nous boirons canette ;
 Nous trinquerons , fi tu le veux ,
 A ce bel efprit bilieux , (f)
 De qui le cerveau frénétique ,
 Contre les regles du bon fens ,
 A fait éclore les cinq fens ,
 Et la grace mélancolique.
 Hé ! bon jour pere Nitetis , (g)
 Quas-tu fait de Déidamie ,
 Et du vaillant fils de Thetis ?
 Réponds ; la Cabale ennemie
Les auroit-elle , en fa mauvaife humeur ,
 Envoïé paître avec notre Rimeur ?
 Oui , fur ta phifionomie

(f) Le poëte Roy. (g) Danchet.

Je

Je lis leur condamnation ,
Console-toi , cette infamie
Fait voir la dépravation
Du goût de notre Nation.
A-propos de bon goût , qu'est devenu le
Sire ? (*h*)
Qui dans le fort de son délire ,
Des Auteurs les plus excellens
Voulut aprétier à son gré les talens ,
Et s'érigeant en maître du Parnasse ,
A chacun assigner sa place.
Belle demande ! il court le loup garou ,
Et maintenant il est je ne sçais où ;
Dieu lui fasse miséricorde ,
Et lui donne avec le bon sens ,
Ainsi qu'à vous , mes chers enfans ,
Repos , santé , joye & concorde.

(*h*) Voltaire.

Apothéose

Apothéose de Mademoiselle le Cou-
vreur, Actrice, morte le 2. Mars 1730.

Par M. DE VOLTAIRE.

QUEL contraste frape mes yeux?
Melpomene ici désolée,
Eleve avec l'aveu des Dieux,
Un magnifique Mausolée.
Si la superstition
Distinguant jusqu'à la poussiere,
Fait un point de religion
D'en couvrir une ombre légere;
Ombre illustre, console-toi,
En tous lieux la terre est égale;
Et lorsque la parque fatale
Nous fait subir sa triste loi,
Peu nous importe où notre cendre
Doive reposer, pour attendre
Ce tems où tous les préjugés
Seront à la fin abrogés.
Ces lieux cessent d'être profanes;
En contenant d'illustres mânes,
Ton tombeau sera respecté.

S'il

S'il n'eſt pas ſouvent fréquenté
Par les diſeurs de pate-notres,
Sans doute il le ſera par d'autres,
Dont l'hommage plus naturel
Rendra ton mérite immortel.
Au lieu d'ennuïeuſes matines,
Les graces en habit de deüil
Chanteront des hymnes divines ;
Tous les matins ſur ton cercuëil,
Sophocle, Corneille, Racine,
Sans ceſſe y répandront des fleurs,
Tandis que Jocaſte ou Pauline
Verſeront des torrens de pleurs.
Enfin pour ton Apothéoſe
On doit te faire une Ode en proſe ;
Le chef-d'œuvre d'un bel eſprit
Vaudra bien du moins un obit.
Méprise donc cette injuſtice
Qui fait refuſer à ton corps
Ce que par un plus grand caprice
Obtiendra *Pelletier des Forts.*
Cette ombre impie & criminelle,
La honte du nom François,

Quelque

Quelque jour dans une Chapelle
Brillera fous l'apui des Loix.
Ainfi par un deftin bifare
Ce Miniftre dur & barbare
Doit repofer avec fplendeur ,
Tandis qu'avec ignominie ,
A l'Emule de Cornelie
On refufe le même honneur.

Epigramme de quelqu'un qui , fans doute , a troqué fon encenfoir contre des verges , & qui fouette fa coquine , après avoir adoré fa Déeffe.

SUR la *Sallé* la critique eft perplexe :
L'un va difant qu'elle a fait maints heu-
reux ;
L'autre répond qu'elle en veut à fon fexe ;
Un tiers prétend qu'elle en veut à tous deux.
Mais c'eft à tort que chacun la dégrade ,
De fa vertu pour moi je fuis certain ;
Refuel foutient qu'elle n'eft pas Tribade ,
La *Grognet* dit qu'elle n'eft pas putain.

ODE

ODE

*A un Prélat que son zèle pour
la défense de la vérité, expose à
des persécutions.*

Prélat, dont les travaux fameux
   Ont répandu par-tout la gloire,
Dont les combats victorieux
Immortalisent la Mémoire,
Quels cris s'élevent contre toi ?
Eh ! quelle est cette hidre cruelle
Qui ne peut te voir sans effroi ?
La vengeance marche près d'elle,
La noire envie arme ses mains.
Ciel ! de leurs complots inhumains
Sauvez une tête si chere,
L'intérêt de vos dogmes saints
Vous rend son salut nécessaire.
Mais pourquoi trembler pour ses jours ?
Continuez, troupes iniques ;
Oüi, j'y consens, à ses recours,
A mille odieuses pratiques,
Ne montrez que dans de faux jours

H   Ses

Ses démarches les moins critiques ;
Tâchez par d'indignes détours
D'ôter aux éloges publiques
Ses œuvres les plus canoniques.
Inutile , impuissant courroux !
L'État dont il prend la défense
Contre la fureur de vos coups ;
Les Ouailles que sa vigilance
Dérobe à vos efforts jaloux ;
La foi qu'il maintient contre vous ;
Voilà l'écueil insurmontable
Où se briseront tous vos traits.
Et toi , Prélat , dont à jamais
Le nom doit être respectable ,
Ne cesse par d'illustres faits
De mériter toute la haine
De ceux dont l'audace hautaine ,
Sous le joug d'une juste loi ,
Prétend faire plier la foi.

ÉPITRE

EPITRE

Qu'un Auteur écrit à un de ses Amis,
dans un besoin d'argent, pour lui en
demander.

DE ma triste déconvenuë
Aprens, ami, l'avanture imprévuë
Le diable quittant son caveau,
Et voulant sur notre hémisphere
Avoir un hospice nouveau,
Qui fut & moins sale & moins chaud
Que son domicile ordinaire,
Vient, par je ne sçais quel travers,
De prendre son gîte en ma bourse;
C'est-là, que pour toute ressource,
Il s'offre à mes besoins divers.
Depuis cet accident funeste,
Pour moi tout change en l'univers;
Chacun me fuit & me déteste,
Hôte, Boulanger, Rotisseur,
Ne peuvent me voir sans fraïeur;
Le Marchand ferme sa boutique,
Le pâle Banquier son comptoir,
Et c'est un fâcheux pronostique

H 2   Seulement

Seulement de m'apercevoir.
Pour expulser si méchant hôte ,
Signes de croix & patenôte ,
Et tout ce que la pieté
Met d'armes aux mains des Fidéles,
Pour chasser les esprits rébelles ;
J'ai tout essaïé , tout tenté ,
Mais le fripon n'a fait que rire ;
Et en vain je prétens lui dire
Que l'Eglise m'a mis en main
Sur les puissances soûterraines
Un despotisme souverain ;
Qu'à tort il faisoit le mutin ,
Qu'il en augmenteroit ses peines :
Le perfide tient toujours bon ,
Se raille de mon catéchisme ,
Qu'il traite de pure chanson.
Cher ami , si ton exorcisme
Ne vient bientôt à mon secours ,
Tu vois le dernier de mes jours.

ÉPIGRAMME

EPIGRAMME

*Contre un jeune Prédicateur ignorant,
qui avoit donné comme de lui une
piéce éloquente & pleine d'érudition.*

JEUNE Damis, dans tout ce beau dif-
  cours,
Où le sçavoir, les graces du langage,
L'esprit, les mœurs, la nouveauté des tours,
De l'Auditeur ravissent le suffrage,
Rien n'est de toi, si j'en crois le lardon :
Mais par trop loin va cette médisance ;
Le son de voix, certaine dissonance,
Je ne sçais quoi d'ardénois dans le ton,
Contre ces traits vient prendre ta défense,
Et semble dire, arrêtez, médisans,
De ce discours si rempli d'éloquence
Le bon Damis a du moins les accens.

H 3   AUTRE

AUTRE Epigramme, sur la rencontre imprévûë que l'Auteur fit d'une Demoiselle avec laquelle il avoit vécu quelques années auparavant d'une maniére très particuliere, & qui fit semblant de ne pas la reconnoître.

A MADAME***

SEROIT - CE vous, adorable Clarice,
Qu'offrit hier à mes regards surpris
Du sort l'agréable caprice ?
Mes sens charmés, mon cœur épris,
Mon ame jusqu'au fond émûë
Livrée aux transports les plus doux,
A votre rencontre imprévuë
Me persuade que c'est vous.
J'ai reconnu cette taille charmante,
Et cette gorge ravissante,
Où l'on voit folâtrer les ris & les amours.
J'ai reconnu cette bouche touchante,
Dont autrefois tous les discours
Flatoient mon oreille étonnée,

Éclairoient

Éclairoient mon esprit, attendrissoient mon
    cœur,
Et qui par un pouvoir vainqueur
Retenoient mon ame enchaînée.
Mais, ô portrait ! ô plaisir imposteur !
Dans une muette langueur,
Vos yeux venant à s'offrir à ma vuë,
Au même instant je vous ai méconnuë.

LE CHAPITRE GENERAL
des Cordeliers.

Déja la Renommée avoit passé les mers,
    Pour aller annoncer à cent peuples
divers,
Que l'invincible chef de la Gent Cordeliére,
Venoit de terminer son illustre carriére.
Déja pour faire choix d'un digne successeur,
De chaque Monastere on assemble la fleur,
Et Tolede est choisi pour tenir l'assemblée,
Où doit se réünir l'elite députée.
Le Chapitre commence, il se tient à huis
    clos ;

H 4   Un

Un Moine beau parleur , l'ouvre par ce
    propos.
O vous dignes foutiens de toute gueuferie ,
Vous qui faites valoir la fainte momerie ;
Qui n'avez pour tout bien , & pour tout
    revenu ,
Que le droit cafuel & du con , & du cul ;
Vous qui de toute part , venez ici vous ren-
    dre ,
Au Saint Généralat , vous qui voulez pré-
    tendre ,
Vous vous flatez en vain , que la Brigue en
    ces lieux ,
Favorife jamais des vœux ambitieux.
Quiconque ofe afpirer à cette grande place,
Ne doit fur fes talens attendre aucune grace.
Plus humbles , plus fçavans , fufliez-vous
    mille fois ,
Plus ardens à gueufer , que le Grand Saint
    François.
Si vous n'avez des vits d'une énorme mé-
    fure ,
Vous devez de ce rang vous-même vous ex-
    clure ,   Le

Le mieux muni de nous doit être Général ;
C'est là pour notre choix le point fonda-
    mental ,
A notre Ordre aujourd'hui donnons un nou-
    veau luſtre ;
Choiſiſſons parmi nous le vit le plus illuſtre ,
Peres , préparez-vous , voici l'inſtant fatal ,
Qu'il faut mettre au grand jour le Sceptre
    monacal.
De vos roides engins montrez la révérence ,
Et voyons qui de nous aura la préférence.
Alors montrant le ſien , voici dit-il , mes
    droits ,
Et le ſigne aſſuré , de mes fameux exploits ,
Quoi qu'on en ait tranché par un malheur
    funeſte ,
Pour être Général , voyez ce qui me reſte :
Reverends , c'eſt je penſe , un aſſez bel ho-
    chet ,
A ſon aſpect , on croit voir un vit de mulet.
Saiſi d'un ſaint tranſport , un vieillard en lu-
    nette ,
S'aproche , & pour le voir , fait une humble
    courbette ;   H 5   De

De près il l'examine, & dit par Saint Fran-
　　çois :
Voilà, je crois de l'Ordre un des plus beaux
　　anchoix.
Mais d'un air dédaigneux, saisissant la pa-
　　role,
Pere Tapeux, soutient que c'est une hyper-
　　bole,
Prétendant, qu'il n'a pas suffisante grosseur;
Défie à son égard le plus rude censeur,
Et levant d'une main, sa longue robe brune,
De l'autre, il sort un vit propre à faire for-
　　tune.
A peine le peut-on empoigner d'une main,
Long à proportion, quarré, sec & mutin :
Voilà, dit-il, un vit, rougissant de colere,
Et non pas ce que vient de nous montrer le
　　Pere :
Avec cet outil là, je peux sans me gêner,
Fourbir mes douze coups, dont six sans dé-
　　conner.
Le Chapitre sourit, & prend cette bravade,
Pour un discours en l'air, pour une gascon-
　　nade ; 　　　　　　　　　　　　　　Mais

Mais le Moine piqué de cet affront nouveau,
Frape de son outil vingt fois sur le bureau;
Cet effort vigoureux fait trembler le
    Chapitre.
L'on admire, l'on rend justice à votre titre,
Vous meritez beaucoup, lui dit le Préfi-
    dent,
Pere Tapeux, calmez ce noble emportement,
C'est assez, Reverend, contenez ce Ton-
    nerre,
Vous avez effrayé tout notre Monastere,
Votre engin à son tour doit être mesuré,
Et s'il est le plus long, il sera préféré.
Pere Examinateur, commencez votre ronde,
Que chacnn fasse voir sur quel titre il se
    fonde,
Qu'on enregistre tout, la taille & la grosseur,
Qu'on fasse mention exacte de longueur,
Et du tour du Breteur, sur tout qu'on exa-
    mine
Les coüilles & les vits, jusques à leur racine:
Enfin ce que chacun montrera de vigueur,
Soit dans votre examen produit en sa faveur.

 L'examen

L'examen achevé , il faut que l'on opine ,

Mais pour l'Election , nul ne se determine.

Le Pere brise-motte , & Pere l'enfonceur ,

Ont leur engins égaux , en longueur , en
    grosseur ,

Egalement bandant , ils ont des Reins de
    diable ,

Les coüillons sont égaux , enfin tout est
    semblable ;

Mais comment faire un choix , où tout pa-
    roît égal ,

Il faut pourtant que l'un des deux soit Gé-
    néral.

Pour nous tirer, dit l'un, de cette incertitude,

Mettons-les tous les deux à quelque épreuve
    rude :

Pour choisir sans scrupule , & sans préven-
    tion ,

Faisons venir ici , jeune fille & garçon :

Sur l'un & l'autre sexe exerçons leur courage,

Nous verrons qui des deux prend mieux un
    pucelage ,

Lequel en fouterie est meilleur ouvrier ,

En

En un mot, qui des deux eſt meilleur Cordelier.

Bientôt après ces mots on préſente à la Sale
Un jeune Ganimede, une jeune Veſtale
Environ de quinze ans, plus belle que le
   jour,
Teint de Roze & de Lys, ouvrage de l'a-
   mour.
Chaque Pere en voyant cette jeune fillette,
Sent ſon bidet tout prêt à rompre ſa gour-
   mette.
Le Préſident fait ſigne au Pere l'enfonceur
De commencer l'épreuve, & grimper ſur
   la ſœur.
Si-tôt dit, ſi-tôt fait, deſſus une couchette,
Miſe en ces lieux exprès, mon Frocard vous
   la jette,
Il la trouſſe, & ſe met en devoir d'obtenir
Des plaiſirs que l'amour ne ſçauroit définir.
Le Pere avec tranſport, acheve ſa victoire,
Et tirant du conin ſon vit couvert de gloire,
Si-tôt il le renfonce, & pour dignes exploits,
De l'aveu du Tendron il déchargea ſix fois,

Six

Six fois sans déconner, & puis levant sa
  cotte,
Il fait voir au grand jour la plus charmante
  motte;
Une cuisse plus blanche, & le plus beau
  conin,
Qui se trouva jamais sous jupe de Nonain.
Le vit du Moine alors montrant sa rouge
  tête,
S'échape furieux de la sainte brayette,
Ecumant de luxure, il remonte à l'instant :
Jean Chouard cette fois entre plus aisement.
Ce jeune petit con, quoique con de poupée,
Au Moine vigoureux, laisse une libre en-
  trée :
Dans ce second assaut, sans plainte & sans
  douleur,
De l'enfroqué jean-f. elle remplit l'ardeur,
Tant & si bien, qu'enfin ne pouvant pas-
  ser outre,
Il lui laisse le con, tout barboüillé de foutre.
Le Pere l'enfonceur, illustre candidat,
Ainsi fut éprouvé, pour le Généralat.

Le

Le Pere brife-motte, à fon tour fur la fcene
Entre , & dit qu'il foutra dix coups tout
    d'une haleine :
Il effuye le con de cette jeune fœur ,
Et dans trois coups de cul , lui caufe une
    douleur ,
Qui fait jetter des pleurs à la jeune innocente :
Le Moine fans pitié , dans fon ardeur brû-
    lante ,
La ferre entre fes bras , faifi d'un doux tranf-
    port ,
Sentant fon vit preffé , comme par un reffort,
Change en tendres foupirs , les pleurs de fa
    conquête ,
Et regale ce con d'une fi belle fête ,
Que le cul de la None , en fauta de fureur :
Le paillard darde au fond la benigne li-
    queur ,
Et fuivant fans repos l'amoureux exercice ,
Douze coups tous portants , fon vit lui fut
    propice.
La douzaine finie , on crut qu'à cette fois ,
Le Moine borneroit le cours de fes exploits :
On

On alloit opiner , quand ce nouvel Hercule,
Retournant le tendron , du premier coup
    l'encule ,
Sodomise deux coups, & deux fois déchar-
    geant ,
Il retire du cul deux fois son vit bandant.
Jusques-là brise-motte avoit eu l'avantage,
Et le Chapitre alloit lui donner son suffrage;
Le mien n'est pas pour lui , répond Frere
    Frapart ,
Au choix en question je prétends avoir
    part ,
Et sur lui remporter une pleine victoire ,
Mon vit n'est pas si long , Peres , je veux le
    croire ,
Mais pour foutre je veux lui damer le pion ,
Je vais vous le montrer sur ce jeune garçon.
Il dit , & sur le champ déculotant le Frere,
Aux yeux des Papelards paroît le beau
    derriére.
Il pousse vivement son vit sans le moüiller ,
Sans effort , & sans peine , encule l'écolier.
Chacun

Chacun frape des mains à ce charmant
    spectacle ,
Et l'on tient que le coup aproche du miracle;
Quand le bougre , charmé de l'aplaudisse-
    ment ,
Leur dit sans déculer , je foutrois tout un
    an :
Le Saint homme en effet , de toute la jour-
    née
Ne cessa de tenir la mazette enculée.
Le Président se leve , & recüeille les voix ,
Tout est en sa faveur , le Chapitre en fait
    choix :
Quand un Moine étourdi , se saisit de la
    porte ,
Et dit qu'il ne veut pas qu'aucun Cordelier
    sorte ,
Sans avoir déclaré qu'il faut pour être élû ,
Foutre quarante coups , soit en con, soit en
    cul ,
Apellant de leur choix , au plus prochain
    Concile ,
Prétendant d'y montrer qu'il n'est pas moins
    habile ,   Qu'il

Qu'il offre de montrer sa proposition,

Mise dans le moment en exécution :

Il sort, ferme après lui, le Chapitre en
    murmure.

Je veux vous foutre tous, dit-il, par la ser-
    rure :

Pied ferme, & vit en main, il les prend
    au guichet.

Les Moines se voyant surpris au trébuchet,

Déliberent enfin, & la sainte assemblée,

Qui se voit au passage à coup-sûr enfilée,

Veut bien qu'à ce mutin on presente le cul :

Tout autant il en sort, tout autant de foutu.

Pas un n'en est exempt, pas même la vieil-
    lesse,

Le bougre encule tout d'une même vi-
    tesse,

Chaque Moine convient, qu'il n'a rien vû
    d'égal,

Et qu'on ne peut choisir un plus grand Gé-
    néral.

LE

LE DESAGRÉMENT
DE LA JOUISSANCE.

ENFIN après six mois de peine & de soupirs
Climéne s'est renduë à mes pressans desirs.
D'un moment tendre & doux j'ai saisi l'avantage ;
Mais, helas ! qui l'eût cru ? cette prude sauvage,
Qui tant & tant de fois a refusé mes vœux,
A plus foutu de coups que je n'ai de cheveux.
Son Con vaste & son Cul font une même fente,
Mon Vit en fut frapé d'horreur & d'épouvante ;
Et parcourant au loin cet abîme profond,
En même tems foutit & le Cul & le Con.
O ! vous qui recherchez l'honneur d'un pucelage,
Amans, ne jugez pas du Con par le visage.
Les dévotes Beautés qui vont baissant les yeux,
Sont celles plus souvent qui chevauchent le mieux :
Telle d'un air bigot vous affronte & vous dupe,
Qui pour un malheureux vint fois leve sa jupe,
Et feignant de prier en fermant son volet,
Pour un Godemichi quitte son Chapelet.

LE

LE POINT D'AIGUILLE

CONTE.

Certain tendron qu'Isabeau l'on nom-
     moit,
Après quinze ans, ayant son pucelage,
Cas singulier, dans un Bal se trouvoit:
Chacun illec, de danser faisoit rage,
Fors Isabeau, la pauvre fille étoit
Seule en un coin faisant triste figure,
Les yeux baissés, & tenant sa ceinture
De ses deux mains, que point ne remuoit,
Si qu'eussiés dit, que c'étoit une Idole.
Un sien ami, que j'apelle Damon,
Vient l'acoster, lui fait cette leçon:
Tandis qu'ici, l'on rit, l'on capriole,
Etre ainsi triste, à vous n'est pas fort beau,
Chacun s'en mocque, alors belle Isabeau,
Venez danser, souffrez que je vous mene,
Là votre main, ... Non, ce n'est pas la peine,
Dit Isabeau, Monsieur laissez ma main,

Bien

Bien grand merci, pourtant ne croyez mie
Que tel refus provienne de dedain ;
De danser j'aurois grande envie,
Mais on m'a dit, que quand je danserois,
Mon pucelage aussi-tôt je perdrois,
Qu'il tomberoit devant les gens, eh dame,
Maman après me chanteroit sa gamme,
Bien la connois, elle m'affoleroit :
Ah dit Damon, qui sous cappe rioit,
Je vois que c'est, or qu'à ce point ne tienne,
Que ne preniez votre part du plaisir,
Dans ce moment tout à votre loisir
Pourrez danser, sans crainte qu'il advienne
Ce que si fort me semblez redouter :
Il faut sans plus à votre pucelage
Trois points d'aiguille, & vais, sans diffe-
  rer,
Si le voulez, vacquer à cet ouvrage,
Je ne ferois, pour toute autre que vous,
Besogne telle, or çà dépêchons-nous,
Puis danserons après tout à notre aise.
Aussi-tôt dit, notre belle niaise,
Suit le galant, & tout alla si bien,

Que

Que de leur fuite, on ne ſoupçonna rien.
Voilà Damon qui prend en main l'aiguille,
Vous fait un point, puis un autre ; la fille
De prendre goût, & de dire ah vraiment,
Je cous fort-mal, à ce que dit Maman,
Elle me gronde, oh bien, qu'elle m'achette
Pareille aiguille, elle verra beau jeu :
Les vend-on cher, couſez encor un peu :
On cout un point, puis Damon fait retraite,
Belle, dit-il, c'eſt bien aſſez couſu
Pour cette fois, & votre pucelage
N'a déſormais à craindre aucun dommage,
Venez danſer : la friponne eut voulu
Ne point ſi-tôt abandonner l'ouvrage,
Elle alleguoit bien des *ſi*, bien des *mais*
Rien, que trois points, il ne tiendra jamais,
Oncque ne fut robbe trop bien couſuë ;
Mais le galant s'éloignant à ſa vuë,
Elle rentra dans le Bal à l'inſtant.
Quelqu'un la prend pour danſer, elle danſe,
On admira ſa noble contenance,
Son air, ſes traits, ſon tein vif & brillant,
Le tout étoit l'ouvrage d'un moment.

Un

Un seul moment d'Isabeau l'imbecille,
Avoit sçû faire Isabeau la gentille :
Comment cela, demandez-le aux Docteurs,
Docteurs en Loix ou bien en Médecine :
Nenni dà, non, au diable leur doctrine.
Ce sont Pedans, que Dieu fit ; c'est ailleurs
Que trouverez solution certaine,
De cettui cas, chez Jean le Florentin,
Chez mon Patron, le gentil la Fontaine,
 Gens, qui d'amour tiennent tout leur La-
 tin ;
Or reprenons notre Conte. La Belle
Ayant dansé pendant assez long-temps,
Vint à Damon, je crains fort, lui dit-elle,
Qu'après maints sauts & maints tremousse-
 mens,
Ce qu'avez fait, ne soit peine perduë,
Partant allons coudre tout de nouveau
Mon pucelage, il ne seroit pas beau
Que tout à coup il tombât à la vûë
De tout le monde, & pouvant l'empêcher,
Vous en auriez autant que moi de blâme,
Venez donc, soit : Damon répond, oh
 Dame,   Plus

Plus n'ai de fil , d'un autre couturier
Pourvoyez-vous : c'est méchanceté pure ,
Dit Isabeau , de fil vous n'avez plus ?
Eh dites moi , que sont donc devenus
Deux pelottons , qu'aviez à la ceinture ?

QUATRAIN

DU COMTE DE GUICHE

A M. d'Olonne.

COmte , jaloux de la Comtesse ,
  Crois moi , ne me reproche rien ,
  Mon sort est moins doux que le tien ,
Je ne fous que ta femme , & tu fous
    ma maîtresse.

LA COMTESSE D'OLONNE,

COMEDIE

De M. DE BUSSI RABUTIN.

ACTEURS & ACTRICES
de la Piéce.

ARGENIE, la Comtesse d'Olonne,

BIGDORE, le Comte de Guiche.

GELONIDE, la Comtesse de Fiesque,

L'ABBÉ, l'Abbé de Roye.

MARCELIN, Marsillac.

LIZE, Femme de Chambre de la
    Comtesse D'OLONNE.

CASTELLOR, le Duc de Castre.

MANICAMP, le Giron du Comte de
    Guiche.

GANDALIN, le Duc de Candale,
    & autres.

LA

LA COMTESSE
D'OLONNE,
COMEDIE.

Le Théâtre réprésente à l'ouverture
de la Piéce la Comtesse d'Olonne cou-
chée sur un lit de répos, sa Femme de
Chambre assise dans un fauteüil à côté
de son oreiller. La Comtesse s'éveille en
sursaut, épouvantée d'un rêve qu'elle
vient de faire, & dit sous le nom d'Argenie.

SCENE PREMIERE.

ARGENIE, LIZE.

ARGENIE, croyant voir l'ombre
du Duc de Candale son premier Amant.

FAntôme impérieux, qui viens mal à
    propos
Condamner mes plaisirs & troubler mon
    repos,
Va, reporte aux Enfers ta noire jalousie,

I 2   Et

Et ne te mêle plus de censurer ma vie.

Chargé de tant d'horreurs, de quoi t'avises-
tu

De revenir ici me prôner la vertu.

Ne te souvient-il plus que je suis une femme,

De qui le C. brûlant sent la plus vive flâme,

Et que de ton vivant, loin de me soulager,

Cruel tu débandois à me faire enrager ;

Non, je ne te crains plus, tes ménaces sont
vaines,

Par ton heureux trépas la mort brisa mes
chaînes :

Depuis ce doux moment prodiguant mes
faveurs,

J'ai dans mes intérêts réüni tous les cœurs ;

Il faut foutre ou mourir.

LIZE.

      Il faut mourir ou foutre !

Est-ce donc la colere, ou l'amour qui vous
outre,

Madame, qu'avez-vous ?

ARGENIE.

      Ah Lise quel reveil ,

           Et

Et que n'ai-je point vû dans mon triste som-
    meil !
Au sortir du repas me trouvant assoupie,
Sur ce lit de repos je me suis endormie ;
Lors que me remplissant & d'horreur &
    d'effroi,
Le jaloux Gandalin a paru devant moi.
Infâme, m'a-t'il dit d'une voix effroyable,
Je viens te reprocher ta vie abominable,
Ingrate, as-tu sitôt perdu le souvenir
De l'estime où mon feu pouvoit te mainte-
    nir.
Dans le nombre des morts je n'étois pas en-
    core,
Quand tu m'associas Marcelin & Bigdore,
Crisante, Castellor, l'Avanturier, l'Abbé,
Le reste ne vaut pas l'honneur d'être nommé.
Que tu m'as fait souffrir ! mais mon plus
    grand suplice,
Fut de voir quels Amans étoient à ton
    service,
Que sans discretion & sans cacher ton feu,
Tu fis de plus en plus à tous venans beau
    jeu.

I 3   Va,

Va, ton abaissement fait honte à ma mémoire,
Ma passion à part , il y va de ma gloire :
Les Dieux pour t'accabler de malheurs in-
    finis ,
Vont t'élargir le Con , & racourcir les Vits ,
Les plus jeunes fouteurs auront mille foi-
    blesses ,
Toujours à contre-tems tu leveras les fesses ,
Et tes Amans contraints par une dure loi ,
Au milieu du coït s'endormiront sur toi.
Pour un gueux impuissant l'amour te ren-
    dra folle ,
Tes moindres maux seront chaude-pisse ou
    verolle ;
Enfin Bougresse , enfin pour avoir trop
    foutu ,
Un chancre confondra ton con avec ton cul.
L'ombre à peine eut fini ces mots épouvan-
    tables ,
Qu'il disparut.

LIZE.

O Ciel ! quels malheurs effroyables ,
Menacent vos beaux jours , & quel affreux
    tableau !   N'apréhendez-

N'apréhendez-vous pas de tomber en lam-
  beau?
ARGENIE.
On ne peut de frayeur être plus agitée.
LIZE.
Vous êtes dans l'Amour aussi trop empor-
  tée,
Madame, Gandalin peut bien vous gour-
  mander :
Pour vous foutre, il ne faut que vous le
  demander.
ARGENIE.
Que veux tu ma Lizon, je n'ai que cette
  envie,
Et c'est le plus grand bien qu'on goûte dans
  la vie.
LIZE.
Je lis dans votre cœur, je connois votre goût,
Il n'est aucun plaisir pour vous si l'on ne f...
Abandonnez-vous donc à votre humeur lu-
  brique,
Et mêlant l'étranger avec le Domestique,
Le Prince, le Bourgeois, & les premiers
  venus,   I 4   Foutez,

Foutez, foutez, Madame, à coüillons ra-
batus.

SCENE II.

La Comtesse d'Olonne devient amou-
reuse du Comte de Guiche & consulte
la Comtesse de Fiesque.

ARGENIE, GELONIDE.

ARGENIE.

Vous ne croiriez jamais, aimable Ge-
  lonide,
Que pour prendre un Amant je fusse enco
  timide,
Cependant je balance à recevoir le cœur
D'un garçon de vingt-ans, d'un aimable
  vainqueur,
Qui me dit chaque jour qu'il m'aime &
  qu'il m'adore;
Vous le connoissez bien, c'est le charmant
  Bigdore,
Qui véritablement en ressentant vos coups,

N'a

N'a pas eu de sujet de se plaindre de vous.
Le croyez-vous mon fait, est-il homme
  solide ?
Vous m'entendez fort bien, ma chere Gelonide.

GELONIDE

Madame, à tout ceci, d'honneur je n'entends rien.

ARGENIE.

Je parlerai plus clair, ce Garçon fout-il bien?

GELONIDE.

Que dites-vous, Madame, ah l'horrible
  langage !

ARGENIE.

Ne le parlez-vous plus depuis votre veuvage?

GELONIDE.

Moi, je dis tout au plus des mots à double
  sens.

ARGENIE.

Comment nommez - vous donc un vît en
  mots décens ?

GELONIDE.

Si je nommois cela, je dirois une pine.

ARGENIE.

Ayant le vit au con , vous m'avez bien la
    mine
De l'y laisser plûtôt jusqu'à demain matin ,
Que d'oser , pour l'ôter , le toucher de la
    main.
Mais quittons ce propos , chacun fout à sa
    guise ,
Bannissons les façons , parlons avec fran-
    chise ,
Que me conseillez-vous sur ce nouveau fou-
    teur ?

GELONIDE.

On ne prend là-dessus avis que de son cœur :
Pour moi j'ai cru le mien , croyez-en donc
    le vôtre ,
Il vous conseillera beaucoup mieux que
    tout autre.

ARGENIE.

Le mien sur ce fouteur ne me dit rien de
    bon ,
Et mille gens m'ont dit qu'il n'aimoit pas le
    con;

Au

Au contraire, on m'a dit qu'il eſt de la
    manchette,
Et que faiſant ſemblant de le mettre en le-
    vrette,
Le drôle en vous parlant toujours du grand
    chemin,
Comme s'il ſe trompoit, enfiloit le voiſin
Par inclination, c'eſt un branleur de Pique.

GELONIDE.

Et qui cherche le con par pure politique.

ARGENIE.

Que dites - vous, Madame, & comment
    parlez-vous ?

GELONIDE.

On aprend à hurler aux bois avec les loups.

ARGENIE.

Je ſuis de votre avis, Madame, je l'aprouve,
Mais je ſuis la Brebis pour f. & vous la
    Louve.

I 6 SCENE

SCENE III.

La Comtesse d'Olonne amoureuse du Comte de Guiche l'apelle.

Parodie du Cid.

ARGENIE & BIGDORE.

ARGENIE.

A Moi, Comte, deux mots.

BIGDORE.

Parle.

ARGENIE.

Ote-moi d'un doute

Connois-tu bien le con ?

BIGDORE.

Oüi.

ARGENIE.

Parlons bas, écoute :

Sçais-tu bien qu'il vaut mieux mille fois
    que le cul ,

Qu'en tous lieux on t'apelle un Bougre , le
    sçais-tu ?   BIGDORE

BIGDORE.

Tels discours sont tenus par Dames mé-
prisées.

ARGENIE.

Non, non, nous sçavons bien tes histoires
passées.

BIGDORE.

A quatre pas d'ici je t'en éclairciraï.

ARGENIE.

Jeune présomptueux.

BIGDORE.

       Je suis jeune, il est vraï,
A peine ai-je vingt-ans, mais aux coüilles
bien nées,
La valeur n'attend pas le nombre des années.

ARGENIE.

De t'attaquer à moi qui t'a rendu si vain,
Toi qu'on ne vît jamais le vit roide à la
main.

BIGDORE.

Je n'ai jusqu'à présent jamais trompé de
Belles,
Et ton con si tu veux en sçaura des nouvelles.

ARGENIE.

ARGENIE.

Sçais-tu bien qui je suis ?

BIGDORE.

Oüi tout autre que moi,
Au seul bruit de ton nom pourroit trem-
bler d'effroi ;
Mille & mille fouteurs crevés à ton service,
Semblent me présager un semblable suplice.
J'attaque en téméraire un con toujours vain-
queur,
Mais j'aurai trop de force ayant assez de
cœur :
A qui f. Argenie, il n'est rien d'impossible,
Ton con est invaincu, mais non pas invin-
cible.

ARGENIE.

La grandeur qui paroît aux discours que tu
tiens,
Par tes yeux chaque jour se découvroit aux
miens,
Et croyant voir en toi l'honneur de la jeunesse,
Mon cœur te destinoit en secret sa tendresse,
Il est vrai que le bruit de ton peu de vigueur,

Avoit

Avoit non sans raison ralenti mon ardeur,

Mais puis qu'il est certain, & qu'enfin tu
m'assure

Que tout ce qu'on a dit est autant d'imposture,

Je viens t'offrir mon con, m'abandonner à
toi,

Et me faire un plaisir de recevoir ta foi.

SCENE IV.

Le Comte de Guiche en veut joüir : il
se trouve impuissant & veut s'ex-
cuser en disant.

BIGDORE.

MAdame, pardonnez à ce triste accident,

Il vient de trop d'amour.

ARGENIE.

       Ah ne m'aimez pas tant !

Si votre trop d'amour cause votre impuis-
sance,

Honorez-moi, Seigneur, de votre indifé-
rence.   Mais

Mais puis que le deſtin vous a fait pour les
 culs,
Pourquoi Diable ſonger à faire des cocus ?
Aprenez, aprenez enfin à vous connoître,
Sortez, où je vous fais jetter par la fenêtre.

SCENE V.

Le Comte de Guiche, après avoir ra-
conté ſon avanture à Manicamp ſon
Giton, il lui dit.

BIGDORE.

S Aiſi du plus juſte dépit,
Je voulois me couper le vit,
Ma réſolution fut vaine ;
Le cruel auteur de ma peine,
Que la peur avoit tout glacé,
Tout malotru, tout replicé,
Etoit allé chercher ſon centre,
Et s'étoit ſauvé dans mon ventre :
Ne pouvant donc rien faire à ce bougre de
 vit,

Voilà

Voilà ce qu'à peu près ma colere lui dit.

Toi qui fais le vaillant quand tu ne vois
    personne,

Et sur la foi duquel est fou qui s'abandonne,

Infâme traître, à qui je peux donner le nom

D'une partie honteuse, avec juste raison,

Toi qui ne pris jamais les gens que par der-
    riere,

Et par qui je ressemble au Maréchal mon
    pere,

Dis-moi pourquoi la peur t'a si fort racour-
    ci,

Que t'ai-je fait ingrat pour me traiter ainsi?

Mais le lache, l'œil morne, & la tête baiss-
    sée,

Sembloit se conformer à ma triste pensée,

C'étoit du tems perdu que lui rien reprocher,

Il étoit à ma voix aussi sourd qu'un rocher.

SCENE

SCENE VI.

Le Comte de Guiche retourne à la Comtesse d'Olonne, & s'en acquite à son honneur : elle lui dit.

ARGENIE.

JE reconnois, Seigneur, que j'étois dans
    l'abus,
Or, qu'aimez-vous le mieux, ou des c. ou des c.
A présent vous avez de tous deux connoif-
    fance.   BIGDORE.
Je fais des c. aux c. beaucoup de diférence,
Et si jusqu'à présent j'ai mieux aimé les culs,
Reine, c'est que les cons ne m'étoient pas
    connus.
Si faut-il convenir qu'on n'en peut voir un
    autre,
Plus haut, ni plus brûlant, plus charmant
    que le vôtre,
N'est-il pas vrai mon cœur ?
        ARGENIE.
               Je crois sans vanité
Qu'il n'en est pas beaucoup de cette qualité;
Les enfans n'en ont pas fort ouvert le passage,
Et tout le monde y trouve un air de pucelage.

ODE

A PRIAPE,

PAR M. PYRON.

FOutre des neuf garces du Pinde,
    Foutre de l'Amant de Daphné,
Dont le flasque vit ne se guinde,
Qu'à force d'être patiné.
C'est toi que j'invoque à mon aide,
Toi, qui dans les cons d'un vit roide,
Lance le foutre à gros boüillons,
Priape, soutiens mon haleine,
Et pour un moment dans ma veine
Porte le feu de tes coüillons.

Que tout bande ! Que tout s'embrase !
Accourez Putains & Ribauds.
Que vois-je! où suis-je! O douce extase !
Les Cieux n'ont point d'objets si beaux :
Des coüilles en blocs arrondies,
Des cuisses fermes & bondies,
Des bataillons de vits bandés,

Des

Des culs ronds fans poil & fans crotes,
Des cons, des tetons & des mottes,
D'un torrent de foutre inondés.

Reftez adorables Images,
Reftez à jamais fous mes yeux;
Soyez l'objet de mes hommages,
Mes Légiflateurs & mes Dieux.
Qu'à Priape on éleve un Temple,
Où jour & nuit l'on vous contemple,
Au gré des vigoureux fouteurs :
Le foutre y fervira d'offrande,
Les poils & coüilles de guirlande,
Les vits de Sacrificateurs.

Aigle, Baleine, Dromadaire,
Infecte, Animal, Homme, tout
Dans les Cieux, fous les Eaux, fur la Terre,
Tout nous annonce que l'on fout.
Le foutre tombe comme grêle,
Raifonnable ou non, tout s'en mêle,
Le con met tous les vits en rut,
Le con du bonheur eft la voye,
Dans le con gît toute la joye,
Mais hors du con point de falut.   Que

Que l'Or ? Que l'honneur vous chatoüille,
Sots avares , vains conquerans ,
Vivent les plaifirs de la coüille ,
Et foutre des Biens & des Rangs !
Achille aux rives de Scamandre
Pille , ravage & met tout en cendre ;
Ce n'eft que feu , que fang , qu'horreur ;
Un con paroît ? Paffe-t'il outre ?
Non ; je vois bander mon Jean-f...
Ce Heros n'eft plus qu'un fouteur.

Quoique plus gueux qu'un rat d'Églife ,
Pourvû que mes coüillons foient chauds ,
Et que le poil de mon cul frife ,
Je me fous du refte en repos.
Grands de la Terre , l'on fe trompe ,
Si l'on croit que de votre Pompe
Jamais je puiffe être jaloux ;
Faites grand bruit , vivez au large ,
Quand j'enconne & que je décharge ,
Ai-je moins de plaifir que vous ?

De fouteurs la Fable fourmille.
Le Soleil fout Leucothoé ,

Cynire

Cynire fout fa propre fille,
Un Taureau fout Pafiphaé,
Pygmalion fout fa Statuë,
Le Brave Ixion fout la Nuë,
On ne voit que foutre couler ;
Le beau Narciffe pâle & blême,
Brûlant de fe foutre lui-même,
Meurt en tâchant de s'enculer.

Socrates, direz-vous, ce Sage,
Dont on vante l'Efprit Divin,
A vomi pefte & a fait rage
Contre le fexe feminin :
Et pour cela le bon Apôtre,
N'en a pas moins foutu qu'un autre,
Interprétons mieux fes leçons :
Contre le fexe il perfuade,
Mais fans le cul d'Alcibiade,
Il n'eut pas tant médit des cons.

Mais voyons ce brave Cynique,
Qu'un Bougre a mis au rang des chiens,
Se branler gravement la Pique,
A la barbe des Athéniens.

Rien

Rien ne l'émeut, rien ne l'étonne,
L'éclair brille, Jupiter tonne,
Son vit n'en est point démonté;
Contre le Ciel sa tête altiére,
Au bout d'une courte carriére,
Décharge avec tranquilité.

Cependant Jupin dans l'Olympe,
Pere des culs, bourre des cons;
Neptune au fonds des eaux y grimpe
Nymphes, Sirenes & Tritons.
L'ardent fouteur de Proserpine,
Semble dans sa coüille divine
Avoir tout le feu des Enfers.
Ami, joüons les mêmes farces,
Foutons tant que le con des Garces,
Nous foute enfin l'ame à l'envers.

Tysiphone, Alecto, Megere,
Si l'on foutoit encor chez vous,
Vous Parques, Caron, & Cerbere,
De mon vit vous tâteriez tous.
Mais puisque par un sort barbare,
On ne bande plus au Tenare,

J'y

Je veux y descendre en foutant :
Là, mon plus grand tourment sans doute,
Sera de voir que Pluton foute,
Et de n'en pouvoir faire autant.

Redouble donc tes infortunes,
Foutu sort, sort plein de rigueur :
Ce n'est qu'à des ames communes,
A qui tu peux foutre malheur ;
Mais la mienne que rien n'allarme,
Plus ferme que le vit d'un Carme,
Rit des maux présens & passés.
Qu'on me méprise & me déteste,
Que m'importe ? Mon vit me reste,
Je bande, je fous, c'est assez,

COUPLET

COUPLET

Sur l'Air : *Quel caprice , quelle injustice, &c.*

QU'on me baise !
Plus chaud que braise
Mon Con , Nicaise ,
Se présente a toi :
Qu'on me baise !
Point de foutaise ,
Viens bande-à-l'aise ,
Vîte mets-le moi !
Avance donc foutu caslin ,
Quoi ! tu n'es pas encor en train ?
Et dans ma main ,
Qu'à te branler je laisse en vain ,
Ton vit plus froid que glace
Reste molasse ,
Il foutimasse ,
Quel bougre d'Engin !
Mais il dresse !
Par mon adresse ,
Le charme cesse ,
Qu'il est gros & long !
Que sa flamme
Brûle mon ame.
Ah ! je me pâme !
Que le foutre est bon !

K

ETIMOLOGIE
DE L'AZE_TE-FOUTE.
CONTE.

UN jour de Foire dans Châlons,
   Colas s'en alloit à la Ville,
Monté sur le roi des Asnons,
Animal soumis & docile
Contre l'usage des grisons.
N'étant qu'au milieu de sa route,
Il fit rencontre de Catin
Lasse, suant à grosse goutte,
Et faisant à pied le chemin.
La Belle voïant son Voisin
Qui s'en alloit le vent en poupe,
Le conjura par Saint Martin
De la laisser monter en croupe.
Un cœur aussi dur qu'un rocher
Se fut attendri pour la Belle;
Elle étoit fraîche, encor pucelle,
Et sa main pouvoit s'acrocher
Par fois au pommeau de la selle.
Mais ces menus dons des amans,

Que

Que nous autres honnêtes gens
Avons batisés *Petite Oye*,
Sont nommés par certains manans,
Viande creuse & fausse monnoye :
De ces manans étoit Colas,
Aussi n'en faisoit-il grand cas.
Depuis long tems de la Donzelle
Il avoit pris ville & fauxbourgs,
Mais elle deffendoit toujours
Avec vigueur la citadelle.
Le Gars en plus de vingt assauts
Fut repoussé sur la verdure,
Non sans force coups de fuseaux,
Sans mainte & mainte égratignûre,
Colas en avoit le cœur gros ;
Aussi tout sec piquant sa béte,
Néant, dit-il, à la requête :
Catin le flatte tendrement,
Le manant tousse fiérement,
Si l'une presse, l'autre chante ;
Que faire en telle extrémité ?
Catin n'avoit point d'Atalante
Les pieds, ni la légereté ;

Puis

Puis c'étoit au cœur de l'été,
Peut-être dans la canicule ;
Colas gardoit fon quant-à-moi,
Néceffité n'a point de loi.
Enfin la Belle capitule :
Arrêté fut qu'à chaque pet
Que feroit meffire baudet,
Maître Colas & la Bergere
Feroient un tour fur la fougere ;
Le tout pour le foulagement
Et le repos de la monture ;
Que toutefois griffe, ni dent,
Façon aucune, aucun murmure
Ne feroient admis nullement,
Sinon à pied & promptement.
Le Traité fait, la Belle monte.
Le drôle auffitôt du talon
Frape le flanc de fon grifon ;
Maître baudet pete & fans honte,
Il fçavoit par cœur fa leçon :
A cette efpéce d'exercice
Jadis l'avoit dreffé Colas,
Pour certaine Dame Thomas.

Martin

Martin ayant fait fon office ,
Colas defcend, point de quartier ;
Elle eut beau cent fois le prier ,
Il l'emporte , il fuë , il travaille ,
Et d'une fanglante bataille
Revint tout couvert de laurier.
Tous deux remontent : la Fillette
Rajufte & mouchoir & cornette.
Bientôt après le Villageois
Tournant vers elle le minois ,
Fut furpris de la voir plus belle ;
C'étoit l'effet d'un incarnat
Qu'elleavoit acquis au combat.
Tout auffitôt ardeur nouvelle ,
Coups dans les flancs & nouveau fon ,
Pour defcendre moins de façon.
A la troifième petarade
Catin vous fait une gambade ,
Tire Colas par fes habits ,
Lui montrant un prochain Taillis.
Ce bois lui donna l'eftrapade ,
Il en revint pâle & défait ,
Et jurant contre le baudet.

Il n'étoit au but : la Fillette
Avoit découvert son secret ;
Elle talonne, l'Asnon pete :
Lors, dit Catin, n'entens-tu-pas ?
Quoi, répond l'autre : l'Aze ... écoute :
Si l'Aze pete, dit Colas,
Palsangué que l'Aze-te-Foute.

LA PUCE.
CONTE.

LE hazard seul, sans l'aide du génie,
Est quelquefois pere d'inventions ;
Tel est vanté pour ses productions,
Qui n'y pensa peut-être de sa vie :
C'est ce qu'on voit tous les jours en chimie.
Nature tient tous ses trésors ouverts
Aux ignorans aussi bien qu'aux experts,
Le tout dépend d'en faire la rencontre ;
Sans la chercher souvent elle se montre.
Nous le voyons par l'exemple d'Agnès,
Qui n'étoit fille à découverte aucune,

Mais

Mais qui pourtant un matin en fit une
Que cent Nonains vanteront à jamais.
Voici le fait. Suivante d'une Dame
Étoit Agnès, farouche elle avoit l'ame,
Non par vertu, mais par tempérament,
Ainsi qu'on voit qu'il arrive à la femme,
Lorsque le Ciel la traite durement.
La jeune Agnès passoit pour fille sage,
Elle étoit belle, & n'avoit que quinze ans.
Auprès d'Agnès Laquais du voisinage
Ne rencontroient que griffes & que dents ;
Jeunes Marquis visitoient la Maîtresse
Pour voir Agnès ; mais sans distinction,
Agnès pour tous, implacable, tigresse,
Égard n'avoit à la condition.
Amour, pour faire à son cœur quelques
      bréches,
Avoit contr'elle épuisé maintes fléches
Sans nul effet : elle portoit un cœur
Bien cuirassé ; si que dans sa fureur
Amour jura de venger cet outrage,
Mais ce courroux tomba sur son auteur,
Agnès tourna tout à son avantage.

K 4   Dans

Dans la saison de l'aimable printems.
Un jour, dit-on, de Dimanche ou de Fête,
Du tendre émail dont Flore orne les champs,
La jeune Agnès avoit paré sa tête.
Entre deux monts, formant un sein de lys,
Étoit placée une rose naissante,
Qui relevoit leur blancheur ravissante,
Et recevoit un nouveau coloris.
Dans un corset sa taille prisonniére,
Pouvoit tenir sans peine entre dix doigts.
Sous un jupon d'une étoffe légere
Un bas de lin paroissoit quelquefois,
Tiré si bien, & si blanc à la vûë,
Qu'on auroit crû voir une jambe nuë :
Bref dans l'enclos d'un soulier fait au tour,
Son petit pied inspiroit de l'amour.
L'enfant aîlé, plus espiégle qu'un Page,
Comme j'ai dit, lui gardoit une dent.
Voici le tems, dit-il, ça, faisons rage,
Et dérangeons tout ce vain étalage
Chez cet objet qui m'est indiférent.
Aussitôt dit, il change de nature,
Puce devient : d'abord lui saute au cou,

A v

Au front, au sein, à la main , fait le fou,
Laissant par tout une vive piqueure.
Notre Beauté , sensible à cet assaut,
Cherche la Puce , en veut faire justice ;
Mais Cupidon esquive par un saut ,
Et doucement sous son corset se glisse ,
Y fait carnage & n'en veut déloger.
Fillettes sont bons morceaux à gruger ,
L'Amour en fait souvent son ordinaire :
Si comme lui je sçavois me venger ,
De par Saint Jean je ferois bonne chére.
Agnès en feu déchire son corset ,
Le jette au loin , arrache sa chemise ,
Et montre au jour deux montagnes de lait ,
Où sur chacune une fraise est assise.
Elle visite & regarde en tous lieux
Où s'est caché l'ennemi qui l'assiége ;
Mais il étoit déja loin de ses yeux ,
Et lui mordoit une cuisse de neige.
Ce dernier coup accroît ses déplaisirs ;
Elle défait sa jupe toute émûë :
Au même instant mille amoureux zéphirs
Vont caresser ce qui s'offre à leur vûë ,

K 5   Et

Et combattant en foule à ſes côtés,
Pour une heureuſe & douce préférence,
Sauvent l'Amour d'une prompte vengeance
Qui l'attendoit au ſein des voluptés.
A la faveur d'un ſaut, d'une gambade
Le petit Dieu ſoutient ſa maſcarade ;
Aux barres jouë & ſans ceſſe fend l'air.
Il vient s'offrir de lui-même à la Belle,
Puis il échape auſſi prompt qu'un éclair,
Et fait cent tours d'un vrai Polichinelle.
Pendant ce jeu, vers un jeune Taillis,
L'Amour lorgnoit un portail de rubis,
Fief en tous lieux relevant de Cythere,
Mais que la Belle, injuſte & téméraire,
Avec chaleur diſputoit à Cypris.
Plus mille fois que la nature humaine,
Les Immortels ſont jaloux de leurs droits ;
Puis il étoit queſtion d'un domaine
A faire ſeul l'ambition des Rois.
Dans ſon enceinte, aux allarmes fermée,
Regnoient en paix les délices des ſens :
Il y couloit une ſource enflammée
De pamoiſons & de raviſſémens.

Contre

Contre tels Forts befoin eſt de courage,

L'Amour en a bonne proviſion :

Il fait l'attaque, il force le paſſage,

Et prend d'aſſaut ce charmant apanage,

Malgré l'éfort de la rébellion.

Calmez, Agnès, ce courroux qu'on voit
     naître,

Ne craignez rien pour ce charmant féjour ;

Si le premier l'Amour s'en rend le maître,

C'eſt un tribut qui n'eſt dû qu'à l'Amour.

Vaines raifons ! On court à la vengeance ;

Un doigt de rofe, à cet effet armé,

Tient, lui tout feul, l'ennemi renfermé,

Et le preſſant, l'attaque à toute outrance ;

Cupidon fuit par un étroit fentier,

On le pourſuit, l'attaque eſt redoublée,

Le doigt vengeur met l'allarme au quartier,

Et la demeure en eſt toute troublée.

Les Citoïens de ce féjour heureux,

Les doux plaiſirs, les charmantes yvreſſes,

Juſques alors oiſifs & langoureux,

Par ce combat fortent de leurs moleſſes ;

Chaçun d'un vol badin & careſſant,

K 6   S'empreſſe

S'empresse autour de son aimable mere,
Répand sur elle un charme ravissant,
Lui fait bientôt oublier sa colere.
Ce doigt vengeur, au meurtre destiné,
Fait sous ses coups naître mille délices ;
L'Amour lui-même en est tout étonné,
Et se repent déja de ses malices;
Il craint de voir son trône abandonné,
Et ses autels privés de sacrifices.
De son palais enfin la volupté
Sur l'œil d'Agnès pousse une sombre nuë,
Elle se pâme, elle tombe éperduë :
L'Amour s'échape & court épouvanté
Remplir Vénus d'une allarme imprévuë;
De son extase à peine revenuë,
L'aimable enfant recommença ce jeu ;
Elle y prit goût, & par elle dans peu
Dans l'Univers la science eu fut sçuë;
Mais nuit & jour chez le peuple Nonain,
Il fut en vogue, où cette heureuse histoire
Fut aussitôt écrite sur l'airain,
Pour en garder à jamais la mémoire.

JOUISSANCE.

JOUISSANCE.

L'Amoureux oiseau du matin
Chantoit sa première victoire,
Quand l'Amour m'éveillant soudain,
Offre Doris à ma mémoire.
Au réveil de l'astre du jour,
Entre mes bras, sensible & tendre,
La jeune Doris devoit rendre
Son premier hommage à l'Amour.
Déja chez moi pour cette fête
Sont tous les enfans de Cypris :
Les uns pour couronner sa tête
Préparent des myrthes fleuris ;
Ceux-ci des campagnes de Flore
Portent un butin précieux,
De ses dons qui viennent d'éclore
Font un autel délicieux ;
D'autres de leurs aîles légéres
Provoquent les tendres zéphirs ;
Plusieurs attendent le mistére,
Folâtrant avec les plaisirs.
J'animois leur troupe riante,

Quand

Quand foudain j'entens un bruit fourd ;
J'ouvre & je vois Doris tremblante,
A pas lents qui fuivoit l'Amour.
Ses yeux fe troublent à ma vuë,
Sur fon front monte la pudeur,
Et l'innocente retenuë
Combat encore dans fon cœur.
Sur fa main délicate & tendre
Je me colle amoureufement ;
Elle me fuit fans fe défendre
Dans mon heureux apartement.
L'air de Paphos qu'on y refpire
Excite, enflamme nos defirs :
Doris fe trouble, je foupire,
Auffitôt volent les plaifirs.
Après mille baifers de flamme
Pris fur fa bouche & fur fes yeux,
Je romps un corfet envieux,
Et fur fa gorge je me pâme.
Quels furent vos tendres tranfports,
Zéphirs ? Vos riantes haleines
Jamais fur l'émail de nos plaines,
N'ont careffés tant de tréfors.

Cependant

Cependant le Dieu qui préside
A ces miſtéres révérés ,
D'une fureur ſainte & rapide ,
Agite mes ſens égarés.
Rempli du Dieu qui me tranſporte ,
J'embraſſe Doris & la porte
Sur l'autel ſacré de l'Amour ,
Autel ſimple, mais plein de charmes ,
Où le ſang coule ſans allarmes ,
Où tout mortel reçoit le jour.
O toi , dont la flamme m'anime ,
Dieu d'Amathonte, dis-je alors ,
Tu vois à tes pieds ta victime ,
Rends-la docile à mes efforts !
A ces mots la Cour de Cythére
Forme un long aplaudiſſement ;
J'acheve un pénible miſtére ,
Et Doris ſe plaint tendrement.

LETTRE

LETTRE

De Mademoiselle... à Monsieur....

CHER ami, j'ai reçu votre très petite Lettre : mais toute petite qu'elle eſt, elle m'a occupée toute la nuit & m'a occaſionné un volume de réflexions plus tendres les unes que les autres, & plus dificiles encore à vous exprimer. Que ne puis-je les tirer aſſez au clair pour en remplir cette lettre ! que vous ſeriez content de moi ! je vous deſirois de croire encore que votre amour l'emporte ſur le mien. Les ſentimens que vous m'avez inſpirés ſont trop vifs pour vous les bien peindre. Que votre pénétration m'interprete, qu'elle vous montre tel que vous êtes, aimable & charmant & avec toutes les qualités capables d'inſpirer le plus tendre attachement, qu'elle vous voïe par mes yeux . . . . . .

J'ai un cœur, mon plus cher, &

un

un cœur qui vous eſt tendrement atta-
ché. Quelque vive que ſoit votre pénétration, quelque eſſor qu'elle prenne,
elle ne l'interpretera jamais comme il
faut. Hélas! je ſouffre plus que vous
de ne pouvoir pas à loiſir vous donner les preuves les plus ſenſibles de
mon amour. Que cet aveu mette le
ſceau à nos tendres ſentimens, en at-
tendant le moment heureux de les couronner.

Il me ſemble, mon cher petit cœur,
que je ne te dis que des mots & que
je t'exprime bien mal à quel point je
t'aime. Viens donc lire dans mes yeux
l'aſſurance de ton bonheur, s'il eſt
vrai que tu le faſſes de ma conquête;
viens, tout ce que j'ai de plus cher
au monde, viens le plus aimable &
le plus aimé des hommes.

RÉPONSE.

RÉPONSE.

JE n'ai pas lû ta lettre, mon plus cher cœur, je l'ai dévorée, & cela cent fois depuis que je l'ai. Tu n'as rien laiſſé à ma pénétration. . . . Eh que pourrois-je ſupléer aux tendres aveux que tu me fais? Qu'ils ſe ſont inſinués aiſément dans mon ame! ah! quelle volupté ils y ont répanduë. J'ai preſque eu la préſomption de penſer que j'étois aimé de vous autant que je vous aime; pardonne, ma bonne amie; la différence de toi à moi, que j'ai ſentie à l'inſtant, a corrigé ma préſomption: il n'apartient qu'à toi d'être aimée ſans bornes, & voilà comme je t'aime. A chaque lecture que j'ai faite de ta lettre charmante, je n'ai exiſté que dans une partie où tout moi-même s'eſt concentré. Dieux! quel eſſor mon imagination prenoit dans ces heureux momens! elle anéantiſſoit l'humanité, te réſervoit ſeule, franchiſſoit tous les obſtacles, voloit vers toi; je me préci-

pitois

pitois dans tes bras. Là , nos lévres collées enfemble laiffoient à peine de tems en tems un libre paffage à nos langues amoureufes qui cherchoient a s'unir. Combien de fois tes joués apé-tiffantes , tes yeux touchans , ton front noble , ouvert , le trône des graces, furent-ils couverts de mes baifers brû-lans ? ils le feroient encore ; mais combien d'autres beautés plus faites pour l'amour , quoique moins par-lantes , demandoient mon hommage ! C'étoit alors que, preffé parles plus vives ardeurs , je te prenois , avec tranfport , dans mes bras & te portois fur l'Autel où je voulois confommer le facrifice. Là , d'une main , fécondée par l'amour & par l'amour le plus puiffant , je te dépoüillois de tout ce qui n'étoit point toi-même : le voile difparoiffoit . . . . . Quel plus beau fpectacle ! oh ! que tes yeux brillans l'embéliffoient ! je reftois immobile. Ma vuë dévoroit toutes tes beautés à la fois , fans pouvoir fe fixer fur aucune ; j'admirois. . . . furprife de

mon

mon extafe, tu me rapellois tendrement à moi, tu m'invitois à être heureux ; tes yeux alors rencontroient les
miens, ils leur parloient un langage fi
touchant..... Je fortois de mon ra-
viffement, je n'ôtois pas, j'arrachois
mes vêtemens fuperflus, je fondois fur
toi... ta gorge, ton fein, le parterre
limité par le centre de la volupté, le
centre de la volupté, les colonnes qu'il
couronne, tout étoit en proïe à mon
amour & l'objet de mes plus tendres
careffes. Mes mouvemens précipités
changeoient ta fituation ; toutes ces
beautés difparoiffoient pour faire place
à d'autres auffi dignes de mon culte ;
je les fêtois avec un égal tranfport. Que
tu te prétois amoureufement à toutes
les atitudes que ma volupté demandoit
de toi ! tes apas les plus cachés n'écha-
poient point à mes régards lafcifs ; eh
comment y euffent-ils échapés ? Tu
me les indiquois, tu m'invitois à les
découvrir, tu les offrois toi-même à
mes regards & à mes baifers. Quand,

preffé

preſſé par les derniéres fureurs de l'a-
mour , je les quitois pour m'unir à toi ,
tu m'y rapellois; j'y retournois: mes
feux y prenoient encore un nouveau
dégré de vivacité: le remede preſſoit ,
j'y courois. Attens, mon plus cher ,
me diſois-tu , attens, changeons de per-
ſonnage , ou plutôt aprends de moi à
goûter comme il faut les avant-coureurs
délectables d'un plaiſir qui ne les égale
point. J'obéiſſois Ah ! que tes careſſes
dévorantes ajoûtoient à ma flâme que
je croyois à ſon terme ! laiſſe moi ,
te diſois-je , je brûle , je n'en puis plus ,
ſouffre … La violence de mes feux me
donnoit des forces , je te remettrois dans
ta premiere poſture , je ſaiſiſſois le
ſceptre de l'amour , je le guidois vers
ſon centre , les efforts impétueux qu'il
faiſoit pour s'y plonger t'arrachoient
des ſoupirs & des cris: tu me tenois
cependant ſerré entre tes bras , tes jambes croiſées ſur moi ; tes ſoupirs changeoient de ton , ma bouche les étouf-
foit la plupart , je la collois plus vivement

ment fur la tienne, je te preffois avec plus de tranfport, tu me rendois coup pour coup, fecouffe pour fecouffe, tu pâmois, je reffentois dans toutes les parties de mon corps un plaifir, une volupté, un torrent de délices......

Ah!.. ah!.. ah!.. mon plus cher cœur, viens... accours.... Oüi, ma plus tendre amie, l'idée feule d'un plaifir que mon imagination m'a fait goûter cent fois, vient de m'en procurer un nouveau. Que fera-ce, quand je le goûterai en réalité.

TABLE
DES MATIERES.

Fin de la Table.